地域包括ケアシステムの
カギが、ここにある！

Webで資料を
ダウンロード
できる

兵庫・朝来市発
地域ケア会議
サクセスガイド

著●足立 里江
（朝来市地域包括支援センター 主任介護支援専門員）

MC メディカ出版

はじめに

　朝来市は、兵庫県の中央に位置する、人口約32,000人、高齢化率31％の町です。その小さな町にある国史跡・竹田城跡、別名「天空の城」は、プロポーズするのにふさわしい場所として、ＮＰＯ法人・地域活性化センターの「恋人の聖地」に認定されました。それ以降、朝来市には、年間50万人以上の観光客が訪れ、城跡のふもとには、次々にお店がオープンするなど、華やかな賑わいを見せています。

　しかしその一方で、この美しい雲海の下には、さまざまな暮らしにくさを抱えた人びとの暮らしがあります。たとえば、「余命3カ月です」と主治医から告知された一人暮らしの高齢者。以前なら、ご家族がしっかりと看取りをされることが多かったのですが、最近は、近くに家族がいない、医療や介護に必要な費用が捻出できない、といった困難な事態に出くわすことが多くなっています。そのなかで、私たちは、どのようにしてご本人の"最期"を支えることができるのでしょうか。

　また、就労など社会とのつながりが難しい若年層の存在も気になります。彼らの、社会に対する、そして自分自身に対する鬱憤やジレンマは、時に、同居する認知症高齢者に向けられ、暴言や暴力、そして骨折事故といった悲しい事態も目にします。

＊

　高齢者だけを支援しようとしても、うまくはいきません。高齢者ご本人を一時保護したとしても、何の問題解決にもならないのです。こういった高齢者や家族が抱える困難な課題に、地域包括支援センターの職員として、真摯に対応することを心がけながら

朝来市・竹田城跡（指定文化財：国指定史跡）
写真提供：吉田利栄氏

も、その問題の大きさ、そして複雑さに、押しつぶされそうになることもしばしばです。

　しかし、その一方で、ふと地域を見渡すと、朝来市には、エネルギッシュで熱意あふれる人びとがたくさんいることに気づかされます。

　たとえば、地域ケアスタッフが学び合う「朝来の介護と医療を考える会」の発起人を担ってくださった熱心な医師会の先生。虐待の情報が入ると、「人の命は、地球より重たいのです」と、近隣者の見守り体制をつくるために、私たちと一緒に一軒ずつ頭を下げて回ってくださる警察官の方。「1日3回通報があろうと、私たちは出動します。この方の命にかかわることですから」と、その使命を熱く語ってくださる消防士の方。「時間があれば、遠回りして一人暮らしの家を覗くようにしています」と言ってくださる銀行の営業マン。一人暮らし高齢者を優しく見守ってくださる区長（自治会長）さんや民生委員さん。差し入れや声掛けをしてくださるお隣さん。さまざまなアイデアを繰り出す自治協議会（小学校区単位の地域づくり組織）活動や商工会の方々…。

　私たちの周囲には、さまざまな立場で、高齢者にかかわる多くの支援者がいらっしゃることに気づきます。ただ、とても残念な

ことに、以前の朝来市では、これら"人びとの暮らしにくさや困りごと"と、"熱意をもつ支援の担い手"が、ほとんど結びついていませんでした。

　もしも、「これらの人びとをうまく結びつけることができたら、問題の多くが解決できるのでは？」。そう思っていた矢先に、『地域ケア会議運営マニュアル』（長寿社会開発センター）が発行されました。そこには、地域ケア会議の5つの機能として、「個別課題解決」「ネットワーク構築」「地域課題発見」「資源開発・地域づくり」「政策形成」があげられていました。それを見たときに、「これだ！」と、思ったのです。先に述べたような深刻化する課題を解決していく仕組みにつながるのではないか…。

　結局、地域包括ケアシステムは、シンプルにいうと、「人」と「人」をつなぐこと、「人」と「機関」をつなぐことです。人と人とがつながる中で、一人ひとりの暮らしを支え、つながりあいながら、みんなで「困りごと」を共有し、その「困りごと」を種に、資源開発・政策形成ができないものか？　できるんじゃないか？　そんな思いが湧いてきました。そこから、朝来市の地域ケア会議の仕組みとデザイン図の設計がはじまりました。

＊

　このデザインを描くに当たり、まずは包括内で熱く議論し、医師会の在宅連携担当医に相談しながら、何回も図案を修正しました。その上で、市内の居宅・主任ケアマネジャーの皆さんとも議論を重ねました。さらには、つながりのある県内・全国各地の実践者の方々からも、それぞれの失敗談や教訓を教えてもらい、問

題を回避・予防するようなヒントをいただきました。
　多くの方々の時間とエネルギー、手間と知恵をお借りしながら、朝来市地域ケア会議のデザインが描かれてきました。そして今、そのデザインの中で、一人ひとりの暮らしの困難さが丁寧に話し合われ、集約と分析を重ねながら、ゆっくりではありますが、資源開発・政策形成へとつながっていこうとしています。
　まだまだ発展途上ですが、私たちが育んできた地域ケア会議の足跡やデザインの仕掛けが、これから地域ケア会議を組み立てようとする他地域や、地域包括ケアにたずさわる皆さんのお役に立てば幸いです。
　また、地域ケア会議の企画プレゼンや研修講師をされる方が要点をつかみやすいよう、本書全体を通してパワーポイントを中心に構成し、私が研修会でお話しした内容を書きおこしています。パワーポイントのデータファイルは、メディカ出版のホームページからダウンロードできますので、ぜひご活用ください。

＊

　本書の発刊が、一人ひとりの高齢者のよりよい暮らしと、支援者のさらなる"やりがい"の一助となることを願っています。

2014年12月

朝来市地域包括支援センター 主任介護支援専門員
足立 里江

もくじ

はじめに ─────────────────────────── 2

1章 なぜ、地域ケア会議がうまくいかないのか 【PPT①連動】
～主催者と参加者、それぞれの悩み～

- 1-1 地域に支援困難事例が増えている ─────────── 10
- 1-2 高齢者を支えるケアマネジャーの実践力 ─────── 13
- 1-3 地域包括ケアと地域ケア会議 ──────────── 19
- 1-4 地域ケア会議の現状と問題点 ──────────── 25

2章 朝来市の地域ケア会議が注目されている理由 【PPT②連動】
～個別課題から地域課題を導き出す会議のデザイン～

- 2-1 ビジョンに向けた5つのステップ ──────────── 36
- 2-2 朝来市の5つの地域ケア会議 ────────────── 49
- 2-3 個別課題を検討する2つのテーブル ─────────── 52
  向こう三軒両隣会議とケアマネジメント支援会議
- 2-4 地域課題を検討する3つのテーブル ─────────── 58
  脳耕会、在宅医療連携会議、地域包括ケアシステム推進会議
- 2-5 連携の仕組みをデザインする ──────────── 64

3章 1つの課題が、人をつなぎ地域をつくる 【PPT③連動】
～事例ワーク：向こう三軒両隣会議～

- 3-1 ニーズキャッチとスクリーニングの方法 ────────── 72
- 3-2 人間関係を読み解いて根回しする ─────────── 91
- 3-3 小林さんの困りごとが地域の課題に変わるとき ──────── 100

4章 よい支援を受けた者は、よい支援ができる 【PPT④連動】
～モデル会議：ケアマネジメント支援会議～

- 4-1 会議の取り組みに至る経緯 ——————————————— 112
- 4-2 会議の枠組みとルールづくり ——————————————— 127
- 4-3 よし子さんのニーズがケアマネジメント全体の課題へ ——— 132

おわりに ——————————————————————————— 141

●Column
- ・朝来市の地域ケア会議「前夜」————————————————— 33
- ・内部スーパービジョンと外部スーパービジョン ———————— 43
- ・地域課題の決定と優先順位 ————————————————— 66
- ・「課題」と向き合う人を支え、地域をつくる ————————— 69
- ・課題解決過程は≪支援者支援≫の過程と重なって ——————— 109
- ・「気づきの事例検討会」をつうじて育まれるもの ——————— 120
- ・よい支援を受けた支援者は、よい支援ができる ～私の実感～ — 124
- ・丁寧に「学びのプロセス」をたどる ————————————— 135
- ・人を育てるものこそが育まれる ——————————————— 137
- ・人を育てることで育まれる私たち —————————————— 139

●Web ダウンロード資料（データのダウンロード方法は次ページ参照）

●研修用 PPT（パワーポイント）
① 地域ケア会議とは
② 地域ケア会議をデザインする
③ 事例ワーク：向こう三軒両隣会議
④ 朝来市ケアマネジメント支援会議資料

●テンプレート
① 地域ケア会議の5つの機能整理表
② 個別課題検討会議とりまとめ表
③ ケアマネジメント支援会議 実施報告シート
④ 朝来市地域ケア会議 企画チェックリスト

◆ 資料のダウンロード方法 ◆

1. メディカ出版ホームページ（http://www.medica.co.jp/）にアクセスしてください。

2. メディカパスポートにログインしてください。取得されていない方は、「はじめての方へ　新規登録」（登録無料）からお進みください。

3. 本書紹介ページ（http://www.medica.co.jp/catalog/book/5729）を開き、「本文連動資料のダウンロード」をクリックします。（URL を入力していただくか、キーワード検索で「T280490」を検索してください）

4. 「ロック解除キー」ボタンを押してロック解除キーを入力し、送信ボタンを押してください（ロック解除キーボタンはログイン時のみ表示されます）。ロックが解除され、ダウンロードが可能となります。

　　　　　ロック解除キー： **asagosiryo2015**

※WEB サイトのロック解除キーは本書発行日より 3 年間有効です。有効期間終了後、本サービスは読者に通知なく休止する場合があります。

＊ご使用にあたって、注意していただきたいこと

① サービスの対象は、本書を購入いただいた方のみとします。メディカパスポートに登録した後、ダウンロードしていただけるシステムです。

② パワーポイントおよびテンプレートは、研修ツール（講義資料、配布資料など）として無料でご使用いただけます。

③ 使用にあたっては必ず「兵庫・朝来市発　地域ケア会議サクセスガイド」の出典表示を含めてください。一部を使用する場合も、必ず出典を明記してください。

④ ダウンロードした資料をもとに、作成・アレンジされた個々の制作物の正確性・内容につきましては、当社は一切責任を負いません。

⑤ データや ID・パスワードを第三者へ再配布することや、商用利用はお避けください（商用利用：販売を目的とする宣伝広告のため、ダイレクトメール、チラシ、カタログ、パンフレットなどの印刷物への利用）。

⑥ 上記②③にかなう制作物をインターネット上で公開することも可能ですが、パワーポイントおよびテンプレートのみが転用されないようご留意ください。学術論文（雑誌や書籍への投稿・執筆）に転載をご希望の場合は、当社編集管理課まで別途、転載許可をお申し出ください。

1章

なぜ、地域ケア会議がうまくいかないのか
～主催者と参加者、それぞれの悩み～

自治体や包括が開催に苦慮する地域ケア会議。その成功への第一歩は、地域ケア会議を必要とする"わが町の課題"に目を向けることです。本章では、課題の渦中にいる朝来市のケアマネジャーたちの実感と、それを地域ケア会議に結びつけていく考え方を読み解きます。

1-1 地域に支援困難事例が増えている

● 高齢者の介護をめぐる変化 ●●●

シート1-1▶

　近年、朝来市では、介護保険や医療保険だけでは支えきれない、さまざまな問題を抱える高齢者が増えてきました。20年ほど前は地域がもっと穏やかで、高齢者同士が談笑する風景がたくさん見られましたし、家族のなかで協力し、介護や看取りまでしっかり担っている家庭も多かったように思います。

　しかし、介護保険制度がスタートした2000（平成12）年以降、介護の様相が変わってきました。ヘルパーやデイサービスなどの利用がふつうになり、家族だけで介護は担えない、社会全体で担っていこう、という考え方が定着してきたのです。

　今振り返ると、ヘルパーによるサービスを受けられるようになったことで、逆に近所からの差し入れや声かけが、少し遠のくような場面も出てきました。専門職がいるのに、私たちが出しゃばったら悪いかな、といった感覚でしょうか。ヘルパー派遣で急場をしのぎながら、何とか生活が成り立っている家も多く見られました。

● 介護保険制度では支え切れない事例を話し合う ●●●

　さらにここ数年、地域の様子が急激に変わってきました。朝来市でも精神疾患、特に認知症が増え、介護保険や医療保険だけでは支え切れない、ケアマネジャーを悩ませるさまざまな課題が出てくるようになりました。そこで、支援困難な人の連絡があると、民生委員や自治会長などにも声をかけ、公民館やご本人宅などで"ちょっと相談する会"

を開いてきました。これが現在の地域ケア会議（個別課題検討会議）の原形です。2013年度は47事例について会議を開きましたが、検討する内容は本当にさまざまで、大変だったな、というのが正直な感想です。

● 支援困難事例に共通すること ●●●

でも、大変だと言っているだけでは何も生まれないので、何が大変なのかを整理してみると、目の前にいる利用者が抱える課題には、共通する特徴が見えてきました。

1つは、問題の現れ方が介護とか経済面など単発、一面的でなく、家族や近隣者との関係性など、人間関係や情動面の問題とつながっているケースが増えていることです。

また、本人や家族が自分たちの抱える問題を自覚しにくい、そして客観的に判断して必要な援助を求めるのが不得手な利用者が増えてきた、という印象を受けます。

自尊感情の低下も顕著です。自分なんかここにいない方がいいんだ、この先どうなってもいいや、などと、自己否定的な場合が多く、より人間らしい願いや希望が埋もれて

◀シート1-2

もはや介護保険制度だけでは支えきれない

支援困難事例の特徴

- 問題の現れ方が介護や経済面だけでなく、人間関係や情動面の問題と重なりあっている
- 問題が自覚されにくく、客観的に判断して必要な援助を求めるのが不得手
- 自己否定的な場合が多く、より人間らしい願いや希望が潜在化しやすい
- 生活基盤、就労が不安定で、経済的条件に恵まれない場合もある
- 日常の社会的交流に乏しく、いざという時の助けがなく孤立状態に陥りやすい

シート1-2

作成：兵庫県介護支援専門員協会 気づきの事例検討会推進運営委員会委員長 谷義幸氏

しまい、ああしたい、こうしたいとなかなか言えない人が増えてきたように感じます。

また、虐待が生じてしまう裏には、生活基盤や就労が不安定な家族の存在もあります。引きこもりやニート、あるいは就労困難、低賃金など、経済的条件に恵まれないために、老親の年金搾取につながってしまうようなケースです。

そして、これらさまざまな問題や困難のために、日常の社会的交流に乏しく、いざというときの助けがなく、地域のなかで孤立状態に陥りやすいという特徴があります。このような支援困難ケースの増加傾向は、たぶん朝来市だけではないはずです。

ここがポイント！

もはや、高齢者ご本人だけを支援しようとしても、効果は得られません。世帯、そして地域全体を見ていくマネジメントの視点が求められているのです。

1-2 高齢者を支える ケアマネジャーの実践力

● ケアマネジャーの4つの実践力 ●●●

　このような支援困難事例に出会ったときにこそ問われるのが、ケアマネジャーをはじめとした対人援助職の実践力です。地域で高齢者の生活を支えるために、ケアマネジャーに求められる原理原則に基づいた実践力を、朝来市では4つに分けて考えています。そして、利用者の支援に悩んだとき、この4つの原理原則を思い出し、1つずつ丁寧にかかわるよう心がけています。

◀シート1-3

①情報収集・分析力

　第一に、どのような情報を集め、それをどう分析していくかが重要です。アセスメントの枠組みや事例理解の知識を最大限に活かし、利用者の生きている世界を利用者の目線で見る＊ことができるよう、情報をしっかり聴きとって集めます。情報を集め、活用するポイントは、ストーリーを組み立てながら、"物語"として利用者の人生や抱える困難さを理解していくことです。

＊参考：奥川幸子『身体知と言語－対人援助技術を鍛える』（中央法規出版・2007年刊）。

②相談援助面接力

　情報を集める際、ケアマネジャーに求められるのは、相談援助のための面接力です。あれも聞きたい、これも聞きたいと情報を引き出すのではなく、思いを受け止めて言語化しながら、しっかりと感情の手当てをし、信頼関係を築ける面接力が求められます。

③支援計画設定力

　支援計画の設定、すなわち、問題解決へつながる部分です。この部分で最も大事なのは、利用者の「強さ」や「生きる力」を、どう見積もったのかです。朝来市のケアマネ

* 奥川幸子『身体知と言語 — 対人援助技術を鍛える』(中央法規出版・2007年刊)。

ジメント支援会議では、1年分の検討事例を集約し、何がわかれば利用者の自立につながるか、どこが大事かを分析していった結果、抽出されたのはやはり「ストレングス」でした。検討をつうじて利用者の力、家族の力をいかに見積もるかが、問題解決のキーポイントになっているのです。支援計画は、この「ストレングス」を活かして組み立てることが重要です。

④自分の理解とコントロール

そして4つ目は、援助者であるケアマネジャー自身への理解と、心身の自己コントロールです。『バイステックの7原則』**にあるように、ケアマネジャーは、自分の感情をコントロールしながら利用者に接することが求められます。しかし、これはなかなか大変なことです。たとえば、感情移入しやすいタイプの方などは、終末期を迎えた利用者のところへ行くと、まるで自分が余命1カ月を宣告された気分になり、利用者の問題なのか自分の問題なのか、境界がわからなくなってしまうこともあるでしょう。こういった感受性の豊かさは、「この苦しみをわかってもらえた」

**参考：F.P.バイステック著／尾崎 新ほか訳『ケースワークの原則 — 援助関係を形成する技法』新訳改訂版（誠信書房・2006年刊）。

> **一つ一つの個別ケースを積み重ねた先に**
>
> 「前にもこんなケースがあった」と思いながら
> またバタバタと同じプロセスで支援している。
> 人手も時間も、全く同じようにかかっている。
>
> 個別性があるから、一概には言えないけれど
> 1ケース、1ケースの積み重ねが、もっと次のケースに
> 活かされないといけない。
>
> いつまでも同じようにバタバタするのではなく、
> 例えば、成功体験を活かすとか。
> ネットワークが蓄積されて、調整がスムーズにいくとか。
>
> あるいは、利用者さんの困り事から
> 新たな社会資源が開発されて、次のケースからは
> しっかり支援ができるとか・・・
>
> シート1-4

という癒しを利用者に与える一方で、利用者の問題を客観的に見られなくなるリスクをはらみます。ですから、大切なのは、まずは自分自身の特徴や傾向を理解し、その特徴を場面や状況に合わせてコントロールするということなのです。

この原理原則に基づいた4つの実践力を1つひとつ押さえながら、目の前の利用者に丁寧に向き合うこと。それが対人援助の出発点になります。

この実践力の向上は、個人の努力だけに委ねられるのではなく、地域全体の仕組みとして取り組む必要があると思います。

● 主任ケアマネジャーの言葉がきっかけに ●●●

ケアマネジャーは、対人援助の専門職として、目の前の利用者と1対1で向き合うのが基本です。でも、それだけにとどまっていては、なかなか効果的な制度や仕組みは生まれず、目の前の利用者の問題もうまく解決できない、ということが起こります。

◀シート1-4

ある日、朝来市地域包括支援センター（以下、包括）の主任ケアマネジャーがこんなことを口にしました。
　「前にもたしか似たようなケースがあったな、と思いながら、私たちっていつもバタバタしてるし、人手も時間も同じくらい費やしてるよね。個別性があるから一概には言えないけれど、たくさんの困難事例の検討を積み重ねているのだから、今までの実践経験が、もっと次のケースに活かされないといけないよね。検討したケースの成功体験をしっかりとつかんで、次のケースに活かしていくとか、前のケースで築いた保健所などとのネットワークが蓄積されて、今回のケースは前より調整がスムーズに早くできるようになったね、とか。そんな風にならないとおかしいよね」。
　皆さんの地域では、いかがでしょうか。前のケースの経験が、次に出会ったケースに活かされているでしょうか。
　「それに、もっと言うなら、利用者さんの困りごとが、新たな社会資源につながっていかないと、意味がないよね。地域の困りごとが蓄積されて、それに対する制度や政策の基盤ができて、同じような困りごとが地域のなかで出てきたら、今度はしっかり支援ができるようにならないと、お

かしいよね」。

　ほんとうにその通りです。前の事例でうまくいった成功体験を活かしたり、そこで築いた民生委員や自治会長、消防署、警察署とのネットワークが蓄積・強化され、前ほど調整に時間をかけなくても、次の問題を、以前よりスムーズに解決に結びつけることができないでしょうか。支援困難事例をつうじて、地域の福祉力や制度政策は１つひとつ育まれていくものですし、ケアマネジャーの実践力も、地域のネットワーク強化とともに醸成されていくものです。

● **個別課題と地域課題をつなぐサイクル** ●●●

　一人の利用者の困りごとを解決した経験が、次に活かせるようにするには、ネットワークの構築・強化や対人援助者の実践力向上など、広い意味での「社会資源の開発」、つまり地域における課題解決力に結びつくことが必要です。こう考えていくと、個別課題と地域課題をつなぐサイクルが見えてきます。

　前にも言いましたが、まず、何をおいても個別課題にし

◀シート1-5

まずは一人ひとりの利用者さんにしっかり向き合うことが大切。そして、その貴重な支援体験を、次につなげていくことが大切です。

っかりと向き合うこと、そして、個別課題に向き合えるだけの実践力をケアマネジャーが養っていくことが大切です。これがシート1-5の①です。次に、個別課題の解決にあたって、たとえばこれまであまり連携がとれていなかった弁護士や、社協の専門職と一緒に動く回数が増え、話がしやすくなった、協力することが多くなったというような、ネットワークが広がるかかわり方、組み立て方をしようというのが②です。

● **地域課題から個別課題へとフィードバック** ●●●

そして、ここから先の展開が、個別の会議を地域ケア会議へと発展させる部分です。①個別課題の解決や、②ネットワークの構築を生かして、③地域の課題を見つけること、つまりAさんだけでなく、BさんもCさんもDさんも似たような問題で困っていることがわかれば、それはAさんだけの問題、個別の課題ではなく、地域の課題として、④⑤資源開発や政策形成に結びつけていく必要があります。そのようにしてできた地域の体制や仕組みが、次の個別課題解決に役立つというサイクルです。

実は、そこがまさに地域ケア会議の役割であり、以前から地域で開催している個別事例の検討会や、ケアプランチェックのための会議と、地域ケア会議の決定的な違いなのです。

個別の課題解決に向けた1つひとつの取り組みが、地域課題の発見につながります。

1-3 地域包括ケアと地域ケア会議

● 地域ケア会議とケアマネジャーの役割 ●●●

　さて、もうお気づきのことと思いますが、ここまで述べてきた個別課題と地域課題をつなぐ4つの実践力こそ、『地域ケア会議運営マニュアル』（以下、マニュアル）*に書かれている「地域ケア会議の5つの機能」そのものです。

　地域ケア会議は、厚生労働省が「やれ」というから開くものではありません。機能って何？、ネットワークづくりってどうすればいいの？、どんな資源を開発しなきゃいけないの？、とバラバラに考えず、地域の利用者の困りごとを軸に、この5つの機能を押さえていくことが重要です。そうすれば、対人援助の専門家であるケアマネジャーや社会福祉士が、実践者として地域ケア会議に取り組む価値が見えてくると思います。

◀シート1-6

＊一般財団法人長寿社会開発センター『地域ケア会議運営マニュアル』（2013年3月）

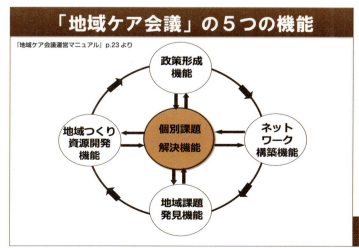

シート1-6

個別の課題から社会資源の開発まで、利用者の問題や困りごとを出発点としながら制度政策に結びつけていくこの過程は、対人援助の専門家がいなければできません。そして行政マンは、社会保障全般の観点から、その必要性と予算を検討していきます。対人援助の専門家と行政マンが、それぞれの得意分野と役割を活かして、手をたずさえることが肝要です。

● ケアマネジャーは地域の社会資源 ●●●

　マニュアルには、地域ケア会議の主催者は、地域包括支援センターまたは行政と書かれています。そのため、居宅介護支援事業所の主任ケアマネジャー、ケアマネジャーは、自分には関係ないと距離をおいて見ている節もありますが、決してそんなことはありません。包括よりも、居宅介護支援事業所（以下、居宅）の方が、さまざまな困難を抱えたケースをたくさん担当されているはずです。そして、問題を解決する手腕や多くのネットワークをもっているのも、居宅のケアマネジャーです。その力をぜひ、社会資源開発や政策形成に活かしてほしいと思います。ケアプラン作成などの個別援助を発展させることで、ケアマネジャーが担える役割も、利用者の暮らしを支える可能性もどんどん広がっていきます。

● 地域ケア会議の目的 ●●●

シート1-7▶　地域ケア会議の目的として、厚生労働省は次の3つを掲げています。
① 地域の介護支援専門員の、法の理念に基づいた高齢者の自立支援に資するケアマネジメントの支援
② 高齢者の実態把握や課題解決のための地域包括支援ネットワークの構築
③ 個別ケースの課題分析等を行うことによる地域課題の把

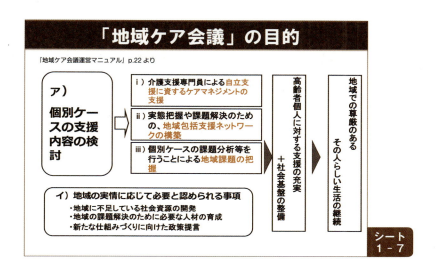

握

　そして、すべてのベースとなるのが、個別ケースの検討です。地域から寄せられる個別事例、多くは支援困難事例ですが、その相談に丁寧に向き合い、課題の解決に取り組む、ここをしっかりやってこそ、「ケアマネジメント支援」「ネットワーク構築」「地域課題の把握」が可能になります。

　地域ケア会議はあくまでも、目的を実現するための１つの手段、ツールです。高齢者支援の充実や社会基盤の整備をはかり、地域包括ケアシステムの実現をとおして、高齢者が地域のなかで、その人らしい尊厳ある生活を続けていかれるような地域づくり、目指しているのはそこです。「地域ケア会議を開催すること」にエネルギーと時間を吸い取られて、本来の目的を見失わないよう、いつも心にとめておく必要があります。

● **本人を中心にしたネットワークの広がり** ●●●

　地域ケア会議が最終的に目指しているのは、地域包括ケアシステムの構築を通した、尊厳のあるその人らしい地域

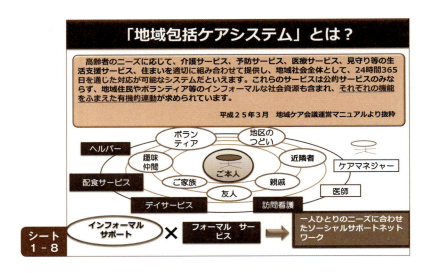

生活の継続です。この地域包括ケアシステムも、にわかに注目されてきましたが、それはいったい何？　と戸惑った自治体がほとんどだったと思います。

　地域包括ケアシステムはとても大きなことのように思えますが、現場の実践者が1人ひとりの利用者さんの困りごとを軸に、しっかりと地域を見据えることが大切です。アルコール依存症の利用者、認知症で盗られ妄想のある利用者、一度にすべての問題を解決できないかもしれません。専門家としての無力さに打ちひしがれる日があるかもしれません。それでもなお、本人や家族、ときには地域と一緒に問題と向き合い、1歩ずつ、アイデアや工夫を出し合っていく…、たゆまずに繰り返されるそのプロセスこそが、対人援助の専門家であるケアマネジャーが担う地域包括ケアシステムなのです。

シート1-8▶　地域包括ケアシステムの定義を、国の文言そのままではイメージがわきにくいので、図にしてみました。当然ですが、中心は利用者本人です。そして本人に最も近いところで、関係性を保って支援しているのは、家族、友人、近隣

者、親戚などです。デイサービスやヘルパーが、本人の一番近くで支援しているのではありません。当たり前のことですが、ここをしっかり踏まえることが大切です。

利用者の暮らしは、ケアマネジャーと出会うずっと以前から営まれ、さまざまな関係性のなかで成り立ってきているものです。その営みと関係性のなかには、利用者の役割と尊厳があります。ケアマネジャーが用いるフォーマルサービスで、それらのバランスや関係性を壊してしまうことのないよう、「本人を中心にしたネットワークの広がり」をしっかりアセスメントすることが重要です。

● ソーシャルサポートネットワークを築く ●●●

今、インフォーマルな社会資源が、ケアマネジメントになかなか組み入れられないことが問題になっています。地域包括ケアを支える「互助」の部分です。本人の自立支援に必要な専門的な支援の部分は、医療やリハビリ、介護など、専門職が担う領域になりますが、ADL の改善だけでなく、本人の QOL を考えたときには、やはり内側の円、家族や近隣者との関係を断ち切ってしまうようなマネジメントは避けなければなりません。ケアマネジャーは、家族や近隣者の力を最大限に活かしつつ、そのサポートもしながら、インフォーマルなサポートとフォーマルなサポートをうまく組み合わせて、一人ひとりのニーズに合わせたソーシャルサポートネットワークをつくる役目を担っています。

一人ひとりのニーズに合わせて調整したソーシャルサポートネットワークを築き、本人がそのネットワークをうまく使いこなしたり、修正したり、あるいは新しいネットワークをつくったりしながら、その関係性を活かした真の自立支援を目指したいものです。

このように地域包括ケアシステムは、利用者一人ひとり

を中心に考えていくことが大切ですし、そのシステム構築のツールの1つが地域ケア会議です。地域ケア会議をすることが目的ではなく、あくまで手段です。地域ケア会議をつうじた地域包括ケアの構築を目指し、それぞれがそれぞれの立場で、どのような役割を担えるかを考えていくことが大切です。

地域ケア会議を開催すること自体が目的ではありません。地域ケア会議は、あくまでも手段の1つです！

1-4 地域ケア会議の現状と問題点

●「会議は開いている、でも…」という悩み ●●●

　前節までで、地域ケア会議の目的について、ケアマネジャーの実践とも照らし合わせながら述べてきました。ただ、現状は、なかなかうまくできていないという悩みもあるようです。

　2012年に厚生労働省が行ったアンケートでは、全国の市町村のおよそ8割が地域ケア会議を開催しており、内容としては「支援困難事例等の問題解決」が86.4％、「地域課題の把握」59.1％、「地域づくり、支援体制整備」54.6％、というような結果でした＊。

　ところが、現場から聞こえてくる現実は、けっこう深刻です。会議を開いてはいるが年1回とか、月例で決まったメンバーがとりあえず集まってはいるが…、というように、義務感に背中を押され、地域ケア会議と称する会議を開いているものの、今ひとつ成果がはっきりしないし、このままでよいのだろうか、もう少し何とかできないだろうかと悩む声が、あちらこちらから聞こえてきます。

＊厚生労働省『第5期市町村介護保険事業計画の策定過程等に係るアンケート調査について』（2014年8月公表）。

◀シート1-9

● 個別課題検討の会議開催をめぐって ●●●

　国からの追い風、そして2015年度からの法制化を受け、全国の市町村で、地域ケア会議が開かれるようになりました。ともすると、地域ケア会議を開くこと自体が目的となっている、そんな様子も見えます。地域ケア会議の現場で、今どのようなことが起こっているのか、その一端をご紹介したいと思います。

　まず、個別課題を検討する地域ケア会議はどうでしょうか。

地域ケア会議の現状〜個別課題の検討〜

地域包括の立場から	居宅の立場から
◆居宅ケアマネジャーから「困難ケースの相談」が、ほとんどない状況。 ◆だけど、個別課題を扱う地域ケア会議を何とか開催しなければと、関係機関を集める。 ◆事例を探すために居宅ケアマネを"一本釣り"し、何とか事例を確保する。	◆包括に頼まれて事例提供したら、多職種・多機関からの意見やアドバイスが矢継ぎ早に投げかけられて。 ◆利用者のことも、支援のプロセスについても、まだ十分に理解されていない状況で、好き勝手に言われても・・・という不全感が残り。 ◆あるいは、利用者やケアマネの抱える問題がまだ解決されていないのに、それをそっちのけで「地域課題」に話が転換される。

シート 1-9

　包括の職員には、主催者としての責任が重くのしかかっています。よく聞かれるのは、居宅のケアマネジャーから包括へ困難ケースの相談がほとんどこないという、全国共通の悩みです。相談はないけれど、個別課題を扱う地域ケア会議を何とか開催しなければと、包括の職員は関係機関に声をかけて、会議を招集します。そうなると、事例を提供してくれるケアマネジャーを探さなくては、ということで、居宅のケアマネジャーを一本釣りして、「何とか今月も事例を確保できた、あーよかった」と胸をなでおろすのです。

● **ケアマネジャーのつぶやき** ●●●

　それでは、「釣られる」立場の居宅のケアマネジャーは、どのように感じているのでしょうか。

　「包括に頼まれて事例を提供したら、多職種、多機関の20人くらいの人に、大きい会場でロの字に囲まれ、矢継ぎ早に意見やアドバイスが投げかけられました」。

　ケアマネジャーとしては、利用者のことも支援のプロセ

地域ケア会議の現状～地域課題の検討～

地域包括の立場から

- 地域の課題を検討して、資源開発や政策形成に結び付けなければいけないらしい。
- でも、地域の課題が何なのかが分からない。
- とりあえず、みんなで集まって話し合おう。

事業所の立場から

- 地域包括から案内がきたので参加したが、地域ケア会議の目的が良くわからない。
- 自己紹介の後、「何かないですか？」と言われたが、何を発言したらいいのか分からなかった。
- 結局、行政からの連絡と事業所からの営業広報に終わってしまった。

シート1-10

スについても、まだ十分皆さんに伝えられていない、理解してもらっていない、そんな状況で医師から好き勝手に言われても、薬剤師からあれこれ聞かれても、返事に困るし、時間は限られていて…という不全感が残ってしまいます。

さらに、利用者やケアマネジャーの抱える問題が、まったく理解も解決もされていないのに、それはそっちのけで、個別の課題を無理やり地域の課題に転換されました、という話も聞きます。個別の課題と地域の課題を1回の会議の同じテーブルで扱おうとする地域もあるようです。事例を提供したケアマネジャーにしてみれば、「地域課題の前に、この利用者の課題にはどう対処すればいいんですか!?」と目をパチパチさせている…、そんな状況です。

● **地域課題検討の会議開催をめぐって** ●●●

同じ地域ケア会議でも、地域の課題を検討するために地域包括支援センターや行政が用意したテーブルでは、別のことが起こっています。

まず、主催者である包括の立場です。私たちは地域ケア

◀シート1-10

　会議を開催し、地域の課題を検討して、資源開発や政策形成に結びつけなければいけない「らしい」。この「らしい」という部分がポイントです。行政や包括が、自分の担当する圏域で今、この社会資源が絶対必要であるとか、この困りごとを何とかしなくてはというニーズや危機感を持てないまま、社会資源や政策形成に結びつける地域課題の検討を、何とか会議の形にしている状況です。

　そして、地域の課題がよくわからないまま、とりあえず皆で集まって話し合おう、ということで会議のテーブルを用意します。たとえば、「偶数月の第三水曜日、○○会議室に集まってください」と、医師会の会長、警察・消防関係、介護事業所の代表など、関係機関に連絡して会議を開催します。

　さて、そのようにして呼ばれた参集者はどうでしょうか。包括から地域ケア会議の案内がきたので、とりあえず参加したけれど、会議の目的がよくわからない。参集者が順に自己紹介したあと、司会者の包括職員に、「何かないですか、地域で今、困っていることはないですか」と聞かれ、ある

地域ケア会議の問題点

こういったことが起こる原因は？

- 地域ケア会議の目的・内容・参加者のミスマッチ
- 会議の目的が参加者全員で共有されていない
- (個別課題)ケアマネジメントを支援するための「アセスメント」の枠組みや、事例を検討するための「枠組み・ルール」が共有されていない
- 個別課題と地域課題を同じテーブルで検討しようとしている。
- 「個別課題から地域課題」、「地域課題から資源開発・政策形成」へ結びつける道筋がない

☞ 『地域ケア会議のデザインのまずさ』

シート 1-11

デイサービスの所長は何を言っていいかわからず、「うちの事業所、今、木曜日3人空きがあります」と発言しました。地域ケア会議が、行政からの連絡と事業所からの営業活動に終わってしまったという、苦い体験談です。

● なぜこんなことが起こるのか ●●●

地域ケア会議に限らず、新しい試み、企てはとても難しいものです。行政や包括はそれぞれに思考錯誤し、悩みながら会議を開いています。

失敗も大切です。失敗しながら、包括も力をつけていきます。失敗すること、うまくいかないことが問題なのではなく、なぜそうなってしまったのか、失敗の原因をきちんと考えていくこと、そして、失敗のなかから次の方策、つまり「地域ケア会議のデザイン」を考え、現状を修正していくことが大事だと思います。

では、地域ケア会議がうまくいかない原因を考えてみましょう。

◀シート1-11

ちょっとひと言

うまくいかないときは、デザインを見直そう。

①地域ケア会議の目的と内容と参加者のミスマッチ

まずはほんとうに基本的なことですが、地域ケア会議の目的や内容と、参加者とのミスマッチが考えられます。個別の課題を扱うときには、Aさんに関係する人たち、今実際に汗を流して、Aさんの問題を、問題だと感じてくれている人を集めなければ、個別課題の解決はできません。直接関係のない、将来かかわることもあまりなさそうな代表者クラスの人たちを集めて、個別課題を検討しても、解決につながることはまれです。ここは、会議のデザインをよく吟味する必要があります。

誰を呼ぶかは、周囲の人の関係性をよく見ておく必要があります。Aというテーマを話し合う、Bという目的で開催する地域ケア会議に、その人が地域で担っている役割で寄与できるかどうかは、しっかりアセスメントしないと見えてきません*。

＊3章2節参照。

個別の課題を解決できる人と、地域の課題を政策に転換できる人が同じであることは、とても少ないはずです。個別の課題を解決できるのは、やはり民生委員やヘルパー、ケアマネジャー、そして近隣者などです。このテーブルに地域の課題をのせて政策に転換しようとしても、その役割を担うことは難しいでしょう。

反対に、社協の代表、医師会会長、消防署長、そういった地域の「えらい人たち」が集まったテーブルに個別の事例をのせても、ケアマネジャーが満足するような解決方法を考えることは難しいでしょう。このテーブルにのせるべきは、やはり地域の課題。そして、一定の権限のもとに実施される施策展開なのです。

②会議の目的が参加者全員で共有されていない

2つ目は、会議の目的が参加者全員で共有されていないことです。行政としての地域包括ケアシステムをつくって

==いくためのビジョンがあり、そのビジョンを達成するために地域ケア会議の目的があり、さらに今日の１回の会議の目標がある==、というように、会議の目的をかみくだいて、参加者全員で共有できる形にまで落とし込んでいないと、先ほどの例のように、何の話し合いに行ったのかわからないという事態を招きます。包括が参集者に、今日の会議の目的をしっかり言葉にして伝えられるかどうかが、地域ケア会議のファーストステップです。

　わかりやすいスライドを用意したり、事例を示したりしながら、地域ケア会議の果たす役割と、そのなかで参加者に担ってほしい役割を、包括が一人ひとりにきちんと言語化して手渡し、全員で目的を共有することがとても大切です。包括のプレゼン力が求められるところでもあります。

③事例検討のための枠組み・ルールが共有されていない

　個別課題を検討し、ケアマネジメントを支援するためのテーブルで「吊るし上げ」が起こる原因として、会議の枠組みやルールが、専門職の間で共有されていない現状があると思います。

　朝来市では会議の枠組みをつくり、ルールは紙に書いて、事例の検討をはじめる前に皆で必ず読み合わせをします*。これは、ケアマネジャーを知らず知らず吊るし上げてしまうような事態を予防する有効な手立てとなります。

* 4章2節参照。

④個別課題と地域課題を、同じテーブルで検討しようとしている

　１つの会議のなかで、個別課題と地域課題を検討しようとすると、議論がまとまらない大きな要因となります。個別の課題に汗をかいて一緒に支援してくれるメンバーと、制度政策をつくる権限をもったメンバーが同じであることはまれです。①の目的・内容・参加者のミスマッチにつう

じる話です。

⑤「個別課題から地域課題」、「地域課題から資源開発・政策形成」へ結びつける道筋がない

　もう1つは、個別課題から地域課題、地域課題から資源開発・政策形成に結びつける道筋が、まだできていない、あるいは十分にデザインされていないことです。

　つまり、地域ケア会議の位置づけや企画、運営にかかわるまずさが横たわっているようです。朝来市では、このような問題に対し、「デザインする」という考え方で打開しようと取り組んできました。

＊

　以上、本章では、地域で、支援困難といわれるような問題が深刻化しており、その問題を解決しつつ、地域包括ケアシステムの構築をめざすために、地域ケア会議に取り組む意味を述べてきました。その一方で、実際にはなかなかうまくいかない地域ケア会議の現状と、その原因についても考えてみました。次章では、このようななかで、朝来市では、どのように仕組みをつくってきたかを紹介したいと思います。

> 地域ケア会議成功の秘策はビジョンとデザインにあり。これを描くプロセスを大切にすること！

朝来市の地域ケア会議「前夜」

谷　義幸
(兵庫県介護支援専門員協会
気づきの事例検討会推進運営委員会委員長)

　明治初期、"日本初の高速産業道路"と言われ、生野銀山(朝来市)と姫路の港を南北に結んだのが、「銀の馬車道」と呼ばれる馬車専用道路です。近代日本"夜明け"の時代に、流通の動脈として産業発展の先駆けとなりました。今も、その一部は沿線地域の基幹道路として使われています。

◆朝来市の地域ケア会議に"歴史"あり

　地域包括ケアシステムの構築が叫ばれる今日、地域ケア会議の先進的な実践で全国をリードする朝来市。この取り組みは、決して「今」にはじまったわけではなく、紆余曲折の段階を積み重ねて発展してきました。その道程のなかで、重要な担い手として力を発揮してきたのは、市内のケアマネジャーの面々です。彼女らが地道に、対人援助の専門性を高めようと努力を続けてきた結果として、地域ケア会議の「今」を支える存在となっているのでしょう。彼女らのどのような学びが、「今」につながったのでしょうか。

◆スーパービジョンの姿勢と手法を身につける

　1つは、『気づきの事例検討会』*の取り組みです。この事例検討会では、支持的な雰囲気のもとで、質問を重ねながら丹念に事例を見つめ直し、問題解決の糸口を見出します。同時に、そのプロセスをつうじて、事例提出者の振り返りと"気づき"を重視します。つまり、支援者であるケアマネジャー自身の気づきによる成長を促す「スーパービジョン」の要素をとりいれた事例検討会といえるのです。

＊参考：渡部律子編著『基礎から学ぶ気づきの事例検討会～スーパーバイザーがいなくても実践力は高められる～』(中央法規出版・2007年刊)

朝来市では 2007（平成 19）年から、ケアマネジャーらが自主的に集まり、この事例検討会の学習と実践を続けています。今、地域ケア会議のケアマネジメント支援において最も重要な「時期尚早の助言やアドバイス、非難・批判をしない」「質問によって問いかけ、事例提出者自身が語ることを大切にする」というルールは、この事例検討会の考え方・進め方を土台にしています。そして、実際に『気づきの事例検討会』を続けてきた経験があるからこそ、このルールが、ケアマネジャーたちの基本姿勢としてしっかりと身についているのです。

◆指導者養成研修で積極的に学ぶ
　もう1つは、兵庫県介護支援専門員協会が行っている『指導者養成研修』への参加です。この研修は、地域で活躍できる指導者を育成する目的で、主任介護支援専門員研修にとどまらず、3年間・約210時間の独自カリキュラムで実施され、すでに1期から4期まで10年以上続いています。この研修に、朝来市のケアマネジャーも、毎回、積極的に参加し、これまでに5名の研修修了者がいます。土・日の休みを使い、朝早くから研修会場のある神戸市内へ出かけ、多忙な日常のなかで3年間学び続けた、その修了者たちが今、地域ケア会議の中心的な役割を担っているのです。
　こうして、朝来市のケアマネジャーたちは、利用者支援から、仲間とともに成長する支援者支援へと視点を広げてきたといえるでしょう。「銀の馬車道」の頃の営みが、今の世に脈々と連なってきたように、彼女らの学び続けてきた姿勢と努力が、今の地域ケア会議を創り出した源泉です。他の地域の皆さんが、朝来市の取り組みから最も学ぶべきことは、この点ではないでしょうか。

2章

朝来市の地域ケア会議が注目されている理由

～個別課題から地域課題を導き出す会議のデザイン～

地域ケア会議を成功に導くためには、地域全体の仕組みを描き、動かしていく仕掛けが必要です。本章では、朝来市で、既存の会議を整理しながら、どのように「デザイン」してきたのかを紹介します。そのプロセスには、他の地域が学べるヒントが詰まっています。

2-1 ビジョンに向けた5つのステップ

ちょっとひと言

地域ケア会議の、その先にあるものを意識しよう！

＊Webでテンプレートをダウンロードできます。

シート2-1▶

● 開いただけでは意味がない!? ●●●

　前章で述べたように地域ケア会議は、開くこと自体が目的ではなく、地域包括ケアシステムを実現するための1つのツールです。したがって主催者と参加者には、会議の運営や参加の技能を身につけ、きちんと手順を踏んで開催することが求められます。

　次ページのチェックリストは、地域ケア会議をよりよくしていくために、こんなことが必要だよね、という視点でまとめた朝来市独自のものです。地域ケア会議の手順は、大きく5つのステップになりますが、市町村ごとに、行政が担うべき部分、現場の専門職として地域包括支援センターが担わなければならない部分、そして協働でつくりあげていく部分に分けて考えることが必要になってきます。

　それぞれの地域の実情や成熟の度合いによって、チェックポイントの重みづけは変わるかもしれませんが、自分の地域を点検し、ビジョンをもつための参考にしていただければと思います＊。

● 地域ケア会議を活かすための5つのステップ ●●●

　チェックシート、いかがでしたでしょうか。1〜5のステップのなかで、チェックが多いところは自分の地域の強み、逆に少ないところは弱み、そして今からつくっていく必要のある部分、ということになります。

　5つのステップは、手順としては階段方式、積み上げていく形になっているとイメージしてください。それぞれについて簡単に説明しますと、最初のステップは地域ケア会

朝来市地域ケア会議 企画チェックリスト（ver.3）
～よりよい地域ケア会議を企画するために～

1 地域ケア会議全体のビジョンとデザイン図がある

- ☐ 地域包括ケアシステムのビジョンがある。
- ☐ 既存の会議を、地域ケア会議の5つの機能で分析している。
- ☐ 1つひとつの会議体に、明確な目的と機能が位置づけられている。
- ☐ 個別課題を扱う会議体と、地域課題を扱う会議体がある。
- ☐ 地域課題を政策形成に反映できる仕組みがある。
- ☐ 地域ケア会議の役割が地域の中で共有されている。

2 ニーズキャッチができる

- ☐ 民生委員をはじめとする地域からのケース相談がある。
- ☐ ケアマネやサービス事業所からのケース相談がある。
- ☐ 新聞・ガソリンスタンド・乳飲料配達業者等、一般企業からの相談がある。
- ☐ 警察・消防・司法書士等、関係機関からの相談がある。
- ☐ 居宅主任ケアマネジャーと包括の連携が図れている。

3 個別事例を検討する地域ケア会議が開催できる

- ☐ 事例スクリーニングの視点が、居宅と包括で共有できている。
- ☐ 事前アセスメントの必要性が共有され、協働で実行されている。
- ☐ 根回し・だんどりの重要性が認識されている。
- ☐ 会議の進行ができている（ファシリテーターとしての役割）。

4 個別課題を地域課題に転換できる

- ☐ 個別課題解決に向けた地域ケア会議を、共通様式で集約できている。
- ☐ その共通様式から、地域の課題を抽出する視点が共有できている。
- ☐ 地域課題を確定し、資源開発に結びつけるために必要なデータが予測できる。
- ☐ そのデータを収集・分析できる有効な手立てがある。
- ☐ 地域課題を抽出・決定し、優先順位をつける場面（会議体）が設定できている。

5 地域課題が資源開発・政策形成へつながる

- ☐ 地域課題の解決策として、あらゆる方法が模索できる。
- ☐ 地域課題をスクリーニングし、行政への政策提言につなげることができる。
- ☐ 行政への政策提言について、さまざまな創意工夫ができる。

＊地域包括ケア研究会報告書「地域包括ケアシステム構築における今後の検討のための論点」（三菱UFJリサーチ＆コンサルティング・2013年／部分図）。

シート2-1

ちょっとひと言

ビジョンとデザイン図は、行政、包括、関係機関、地域全体での共有を目指そう！

議のビジョンとデザイン図です。これがないとはじまりません。まずは会議のデザイン図を、地域の皆で共有することが基本です。全体のデザイン図がないまま、あの会議この会議といろいろやっていても、最終ステップの政策展開には、なかなか結びつきません。

● ニーズキャッチが重要 ●●●●

　描いたデザイン図を実際に動かすための入り口が、2段目のニーズキャッチです。ニーズを受けて個別事例の検討会議が開かれ、それが地域課題に転換され、資源開発がなされて、最後は政策形成へとステップアップしていきます。自分たちの地域が今、このステップのどこまで昇っているのかを、皆で常にチェックしながら会議を動かしていくことが大切です。

　包括の職員からは、3段目の個別事例を検討する会議が開催できていない、という話がよく聞かれます。最大の原因は、2段目が抜けていること、つまりニーズキャッチができていないから、3段目につながっていかないのです。

ここを、包括のネットワークづくりを通して活性化していくことが大切になってきます。

● **デザイン図がないと行き詰まる** ●●●

　逆に、包括が地域の中で根づき、しっかりとしたネットワークが築かれていて、ケアマネジャーや民生委員からの相談件数がもともと多いところでは、2段目と3段目が先行して進んでいる場合もあります。ところが往々にして、そのような市町村では、1段目の全体デザイン図がないまま、どんどん個別事例の検討が重ねられていたりします。そのような場合、個別課題から地域課題、そして資源開発へ、という4段目、5段目の展開に踏み出そうとしたとき、うまく進まない事態に陥りがちです。

　デザイン図を描くこと、そして政策形成の部分は、主に行政が担うべき部分です。地域ケア会議が十分に活用される仕組みは、行政、包括、そして地域の協働なしには実現しません。もし、自分の地域が1段目のデザインを飛ばして、すでに2、3段目にいると気づいたら、1段目を振り返ってデザイン図を描けばよいのです。

● **地域課題への転換のポイント** ●●●

　個別課題から導き出される地域課題の種（タネ）は、1つとは限りません。精神疾患に対する地域の理解も、認知症の方の見守り体制も、入退院時の医療と介護の連携も、1つひとつが地域課題の種です。

　こうしたさまざまな種を、正式に「地域課題」として決定づけるポイントは2つあります。
　①地域住民の暮らしに与える影響の大きさを、データなどで把握すること（地域アセスメント）。
　②その上で、1つひとつの種について、地域課題かどうかを診断し、その緊急性に優先順位をつける「場」を

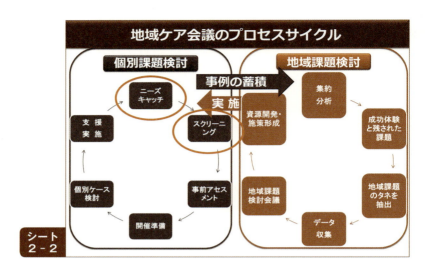

つくること。

これらの手順を経てはじめて、個別課題から地域課題への転換が実現するのです。

●「個別」と「地域」のテーブルを分ける ●●●

シート2-2▶　以上を踏まえてデザインをつくるときには、この図が青写真になります。左側が個別課題の検討、そして右側が地域課題を検討するテーブルです。

まずは左のテーブルで、個別課題をしっかり検討します。ニーズをキャッチし、地域ケア会議で扱うべきケースかどうか、「スクリーニングの視点」と照らし合わせながら、ケースの選定を行います。

それから事前アセスメント、開催の準備、そして実際に個別ケースの検討会を開き、支援を実施し、実施した結果について再度ニーズをキャッチしていくという、いわば「個別課題の検討サイクル」です。

● 2つのテーブルの連動を意識する ●●●

　個別事例検討を5回、10回、20回と丁寧に積み重ねていった先に、右のテーブル、地域課題の検討会議が出てきます。

　蓄積された事例を集めて分析し、そのなかから、まずは成功体験をしっかり押さえていきます。その上で、残された課題から地域課題の種を抽出します。さらに、裏づけとなるデータを収集し、ここではじめて、地域課題の検討会議にのせることができます。事例の蓄積・分析、課題の抽出やデータ収集をせずに、いきなり地域課題の検討会議を開いても、なかなかうまくいきません。このプロセスサイクルを経ていないから、つまり準備が足りないから、議論が深まらないのです。このプロセスサイクルをしっかりと踏んで、地域課題検討の会議がもてれば、最終的には資源開発につながり、開発された資源や制度によって、支援困難と言われていた利用者の生活が支援困難ではなくなる、というサイクルが回っていきます。個別と地域、どちらも大事なテーブルです。

　この2つのテーブルをしっかり分けて描くことが、地域ケア会議のデザイン成功の秘訣です。

右手で個別課題、左手で地域課題、右手と左手、両方とも大切。そして両方同時にやっていきます。

様々なニーズキャッチの方法

居宅主任ケアマネ
- 一次支援
  事業所内の
  ケアマネジメント支援
  ・個別相談（個別SV）
  ・同行訪問
  ・サービス担当者会議　等
- 二次支援
  ⇒地域包括へ

地域包括・居宅
- 自治会長・民生委員から
- 医療機関から
- シルバー人材
- ボランティアから
- 近隣者から
- 関係機関から　等
⇒あらゆる機会・場面を
　とらえて「人」とつながる

シート2-3

● 居宅のケアマネジャーがカギ ●●●

　今、全国で稼働しているケアマネジャーは13万人を超えますが、そのおよそ6割は居宅介護支援事業所（以下、居宅）に勤務しています。実際のところ地域ケア会議に関心のない人も多いのですが、居宅のケアマネジャーの力がなければ、利用者のニーズを制度政策に結びつけていくことは到底できません。

シート2-3▶

　居宅のケアマネジャーは、現場の第一線でさまざまな難しい課題に日々向き合っています。そして、困ったときにはそれぞれの事業所内で相談や同行訪問、サービス担当者会議など、ケアマネジメントの一次支援を受けています。一次支援というのは、主任ケアマネジャーや事業所の管理者によるケアマネジメント支援です。

● 一次支援と二次支援 ●●●

　ここで、居宅の主任ケアマネジャーにぜひ担ってほしい役割は、二次支援を受けるために包括につないだ方がよい

ケースの見きわめです。ケアマネジャーが支援に難しさを感じているさまざまなケースをスクリーニングし、包括につないでいくことが求められます。

　主任ケアマネジャーのなかには、「私がいるのに、なぜ包括に相談しないといけないの」、「自分の力がないように見えても困る」と思う方もいるかもしれません。しかし、一人のケアマネジャーを、一事業所のなかだけで育てるのは非常に難しいものです。事業所の主任ケアマネジャーが何度言っても理解できなかったことが、隣の事業所の主任ケアマネジャーの何気ないひと言で「ああ、そうか！」と腑に落ちる、というエピソードはよくあります。子育てと同様、大切な部下や後輩を育てるときには、意図的に「声を変える」ことも有効なのです。

内部スーパービジョンと外部スーパービジョン

　内部スーパービジョンは、居宅の主任ケアマネジャーが事業所のなかで、部下や後輩に行うスーパービジョンです。再アセスメントを行いながら、ケースにどのように対応するか、そのケアマネジャーの力量で担えるか、担当を変わった方がよいかなど、職場内の調整も含めて、ケアの質を保つ支援を行います。業務を管理する機能が重視されるともいわれています。

　一方、外部スーパービジョンは、地域包括支援センターなど外部の機関が行うスーパービジョンです。一番のメリットは、上司と部下という関係がないことです。フラットな立場でケースへの支援を振り返りながら、できたことも、できなかったこともオープンにし、共に考えて行く環境がつくりやすいといえます。ケースに向き合うことで自分自身のふがいなさやできない自分と出会い、それらの感情の手当てがしっかりとできる、支持的な機能が強いとされています。

朝来市では、包括と居宅だけでなく、居宅同士の交流も活発です。新人ケアマネジャーが他の居宅に行き、そこの主任ケアマネジャーに相談にのってもらうこともあります。これらは、先ほどの「声を変える（ボイスチェンジ）」を意図的に用いながら、地域の居宅が手をつなぎ、一人のケアマネジャーを一人前の実践家に育てていこうという体制です。

●「人」とのつながりがポイント ●●●

　今後は居宅のケアマネジャーも、介護保険サービスの関係機関のみならず、シルバー人材センター、ボランティア、ミニデイなど、さまざまな地域の支え手とつながりをつくることが大切です。そうでなければ、一人ひとりの高齢者を、地域とのつながりや関係性を活かしながら支えることはできないからです。そして、こうした幅広い支え手とのつながりづくりが、さらなる未来のニーズキャッチをもたらします。

　包括のみならず居宅も、いかに「人」とつながっているかが、地域ケア会議にとどまらず、地域包括ケアシステムのキーポイントなのです。

● ケーススクリーニングの視点 ●●●

シート2-4▶
＊ 79-80 ページで詳説。

　地域ケア会議で検討すべき課題を選ぶときの、ケーススクリーニングの視点として4つがあげられます＊。

　1つ目の視点は、ケアマネジャーの実践力です。地域には、この道10年のベテランケアマネジャーもいれば、経験1年未満の新人ケアマネジャーもいます。地域ケア会議をつうじて、包括と居宅の主任ケアマネジャーが協働し、ケアマネジメントを支援していきます。相談援助面接力、問題解決力、ネットワーキング力など、ケアマネジャーの実践力向上を目指して、地域ケア会議を開催することもあ

　ります。
　また、ケアマネジャーの実践力を見るときには、問題の大きさや多さについても、一緒に見ていくことが大切です。問題の大きさとは、その問題が本人や家族、地域に与える影響の大きさであり、問題の多さとは、1つの世帯が抱える問題の種類や量の多さ、そして地域のなかで同じ問題が多発している状況をいいます。ケアマネジャーも一人ひとり、得意な部分、不得意な部分が違います。それぞれの実践力と、担当ケースの問題の大きさ、多さをすり合わせながら、必要なケアマネジメント支援を行うのです。

● **地域の社会資源を見積もる** ●●●

　地域ケア会議の入口としてのケーススクリーニングにおいて、特に重要な視点は「効果的な資源の存在」です。実践力がとても高く、かなり大きな問題も経験やネットワークを駆使してどんどん解決していける優秀なケアマネジャーが担当する事例であったとしても、利用者を支えるための効果的な社会資源が地域のなかで形づくられていない場

合は、ケアマネジメント支援の目的ではなく、**社会資源の創造開発**の目的で、その事例を地域ケア会議のテーブルに上げてほしいと思います。このスクリーニングの視点を、包括と居宅の主任ケアマネジャーが共有することが、地域ケア会議の開催に欠かせません。この視点は全国共通ですので、ぜひこれを地域で共有してください。

● ミクロとマクロをつなぐ地域ケア会議 ●●●

ちょっとひと言

ミクロとマクロの橋渡し！

　個別のケアマネジメント、すなわちミクロを、介護保険事業計画や政策形成、社会資源の開発というマクロにうまくつないでいく橋渡しは、政治家や官僚にはできません。だからこそ、ミクロとマクロの間にある深い溝に地域ケア会議を置き、専門職が橋渡し役となることが求められています。

　そして、地域ケア会議で個別のニーズや困りごとを丁寧に拾い上げ、分析し、もしかしたら地域の課題ではないかと思えるものを見つけたら、それを裏づける量的なニーズ調査をする、この質と量の両方を合わせて介護保険事業計画や政策形成の会議テーブルに届けることが大切です。

　言うのは簡単ですが、これを実行するには大変手間がかかります。朝来市では、とても包括だけではできないので、居宅や地域の関係機関にも協力してもらって一緒に進めましょう、という話し合いをしました。

●「個別」を「地域」につなぐ会議のデザイン ●●●

シート2-5▶

　ミクロをマクロに転換するプロセスが地域ケア会議の役割ですが、重要なのはやはりビジョンとデザインです。ビジョンは、行政や包括だけでなく居宅からも、こんな地域にしたい、こんな施策が必要という声を上げてもらうことが大切です。そして、ビジョンに基づく「ミクロからマクロへ」のプロセスには、3つの会議デザインが必要です。

　まずは、1回1回の会議の進行デザインです。個別課題を扱う会議もあるし、地域の課題を扱う会議もありますが、その1回の会議をどのように進めるか、これが最小単位のデザインになります。

　次に、中単位のデザインとして、それぞれの会議体のデザインがあります。地域ケア会議は、1つの市町村に1つというわけではありません。それぞれの地域ケア会議について、会議の目的・内容（担う機能）と、参集者がマッチするようにデザインしていきます。

　そして一番大きいレベルのデザインが、会議全体の連動デザインです。いくつかの会議をどのように組み合わせて、ミクロからマクロにつなげていくのか、連動の仕組みを明確にしながらデザインしていくことが大切です。

　会議1回ごとの進行デザインはあっても、会議体のデザインが中途半端とか、会議体と1回ごとの進行デザインはしっかり描けているのに、会議同士が連動するための全体のデザインが、まだきちんと描けていないなど、地域によってデザインの成熟度はさまざまです。それぞれの地域で、

デザインがどこまで描けているかを、先ほどのチェックリスト（37ページ）も参考にしながらアセスメントしてみてください。

● 地域ごとにアレンジして描く ●●●

シート2-6▶　上の図は、地域ケア会議のデザイン例です。一番下に、一人ひとりの利用者の困りごとを配置しています。現場で個別の課題を検討し、その蓄積を生活圏域会議にもって上がります。この生活圏域会議で、たとえば在宅でターミナルを迎えたいけれど、24時間往診してくれる医師の体制がないという問題が出てきたら、それは全体の課題として、市町村レベルの会議に上げていきます。

このように、ミクロからマクロに展開していくデザインが、地域ごとに何らかの形で描けていることが必要です。

大都市では、大きな地域を「いかに分けるか」が肝要です。小さな単位でしっかりと個別課題に向き合い、それを大きな単位に束ねていく、「分けること」と「束ねること」の双方が、うまく機能することが求められます。

「分けること」と「束ねること」の両方が大事！

2-2 朝来市の5つの地域ケア会議

● 地域ケア会議は1つではない ●●●

　会議体をデザインするときには、地域ケア会議の5つの機能をそれぞれの会議にどのように盛り込むかを、1つずつ考えていくとスムーズです。また、新しい会議を立ち上げる前に、既存の会議をいかに活用していくかという視点が大切です。つまり、地域で今すでに開催されているさまざまな会議に、個別課題解決機能を軸として、ネットワーク構築、地域課題の発見、地域づくり・社会資源開発、政策形成、この5つの機能が、どのように含まれているのかを洗い出す作業を行います。5つの機能のうち1つ以上含まれていることが、地域ケア会議として位置づけるための条件です。

　朝来市には5つの地域ケア会議があります。会議の内容・参集者と担う機能を、このように一覧表にまとめるとよく　◀シート2-7, 2-8

会議名	内容	参集者	個別課題解決機能	ネットワーク構築機能	地域課題発見機能	地域づくり・資源開発機能	政策形成機能
①向こう三軒両隣会議	利用者支援	当事者・地域住民・関係機関等	◎対象者が抱える課題	◎フォーマルとインフォーマルの連携	△困難ケースの蓄積	◎自助・互助を育む	×
②ケアマネジメント支援会議	ケアマネジャー支援	主任CM13名・理学療法士1名	◎ケアマネジャーが抱える課題	◎主任ケアマネジャーとケアマネジャーの関係性	△困難ケースの蓄積	◎指導マニュアル開発・研修会の開催等	×
③脳耕会	認知症支援策の検討	関係機関代表者15名	×	△住民・専門職のネットワーク	◎⑤からのオーダーによる検討	◎普及啓発等のツール開発オレンジプラン作成	×
④在宅医療連携会議	介護・医療の連携に関する仕組みづくり	医療・介護専門職（事業所代表者）25名	×	△介護・医療のネットワーク	◎⑤からのオーダーによる検討	◎連携マニュアル作成等	×
⑤地域包括ケアシステム推進会議	地域課題の抽出・優先順位の決定・③④への指示	関係機関代表者10名	×	△	◎②から地域課題の抽出・決定	◎③④と連動しながら開発に向けての検討等	◎介護保険運営委員会への政策提言

シート2-7

ちょっとひと言

中枢会議体の設置がカギ！

会議名	開催回数	特　徴	相互の関連性
①向こう三軒両隣会議	年50回程度	利用者の個別課題を解決するために、支援を担う近隣者や関係機関が集う。ニーズに合わせて随時開催している。ケースを提議の様式で、蓄積・集約する。	抽出された地域課題は、⑤地域包括ケアシステム推進会議へ提出。⑤は、地域課題の抽出と優先順位の決定、資源開発に向けた検討を各地域ケア会議に指示する。
②ケアマネジメント支援会議	年10回（包括）年90回（居宅）	包括と居宅で連動展開。年間100事例をカンファレンス方式で支援。指導マニュアルの開発やケアマネジメントしやすい環境整備につなげる。	
③脳耕会	年5回	認知症に係る地域課題を検討。認知症予防・早期発見に関するツール開発や、見守り協定等の施策を立案。	⑤地域包括ケアシステム推進会議から、オーダーを受け、資源開発に向けた情報収集、分析、検討を行う。
④在宅医療連携会議	年5回	医療・介護の連携に係る地域課題を検討。入退院時連携マニュアルの開発や、情報シート様式の統一等、社会資源の開発機能とその普及啓発を担う。	
⑤地域包括ケアシステム推進会議（中枢会議体）	年5回	①〜④の上位会議として位置付けている。解決できた課題や成功事例を踏まえた上で、残された課題を明確にし、資源開発・政策形成に結びつける。	①②の地域ケア会議で検討された、さまざまな事象を集約し、地域課題を抽出決定する。③④の検討結果を踏まえ、介護保険運営協議会へ政策提言

シート2-8

見えてきます。

　一番左に、5つの地域ケア会議の名称が順に入っています。①向こう三軒両隣会議、②ケアマネジメント支援会議、③脳耕会、④在宅医療連携会議、そして⑤地域包括ケアシステム推進会議です。このうち①から④までの会議は、「地域ケア会議開催！」という厚生労働省の号令でできたものではなく、もともと朝来市で開いていた会議を、地域ケア会議として位置づけたものです。しかし、この①〜④はバラバラに開催されており、情報も共有されていませんでした。そこで、4つの会議を集約・連動させるための中枢会議体として、⑤地域包括ケアシステム推進会議を新たにつくったのです。

● 個別課題と地域課題は別のテーブルに ●●●

シート2-7▶

　大事なことは、1つの会議のテーブルに、あれこれいっぺんにのせてしまうのではなく、それぞれの会議体が担う機能を、なるべくシンプルにしておくことです。
　朝来市の場合、①向こう三軒両隣会議と②ケアマネジメ

地域ケア会議の5つの機能

●担当圏域の様々な会議が有する機能

会議名	個別課題解決	ネットワーク構築機能	地域課題発見機能	地域づくり・資源開発機能	政策形成機能
【記入例】〇〇会議	◎	◎	〇	△	×

シート2-9

1つの会議体の機能は、できるだけシンプルに！

ント支援会議、この2つが個別事例を扱う会議です。担う機能としては、個別課題解決、ネットワーク構築、社会資源の開発は◎ですが、その場で無理やり個別の課題を地域の課題に転換しようとしない、と決めています。

一方、③④⑤の会議は、個別課題解決機能のところが×になっています。というのも、この3つの会議のテーブルでは個別事例の検討はしない、と決めているからです。それでは何を検討するのかというと、地域課題発見機能、すなわち個別の課題を地域の課題へ転換するための話し合い、そして地域の課題を解決するための社会資源開発、政策提言の部分を担い、それぞれの会議で話し合うことを明確にした上で、相互の関連性をもたせています。

簡単な表ですが、これを記入することで、現状と、地域ケア会議をデザインするうえで最初に押さえておくべき情報が抽出できます。ほんとうに必要なこと、大事なことは案外シンプルなもの。ぜひそれぞれの地域で、皆で相談しながらこの表を記入してみてください*。

何をするのかを決めると同時に、「しないこと」を決めることも大事です。

◀シート2-8

◀シート2-9

* Webでテンプレートをダウンロードできます。

2-3 個別課題を検討する2つのテーブル

向こう三軒両隣会議とケアマネジメント支援会議

● 利用者の困りごと解決が目的

シート2-10▶

　向こう三軒両隣会議は、一人の高齢者の困りごとを解決するための利用者支援の会議です。包括が主催し、その名のとおり、近隣の住民や民生委員、自治会長、そしてかかりつけ医や担当のケアマネジャーなどの専門職、時には利用者本人や家族が、公民館や自宅などに集まって話し合い、知恵を出し合うための場です。

　今、困っている人が地域にいるのですから、月1回などと固定化せず、ニーズに応じて随時開催します。1回の会議で取り上げるのは1事例のみ、時間は70～90分が目安で、だいたい月に4～8事例を検討しています。

　参集者は、本人や家族とかかわりのある人、支援する立場にある人、あるいは、今後何らかの支援を提供する予定

ちょっとひと言

地域ケア会議の基本は、個別課題の解決です！

＊地域包括ケア研究会報告書「地域包括ケアシステム構築における今後の検討のための論点」(三菱UFJリサーチ＆コンサルティング・2013年／部分図)。

シート 2-10

①向こう三軒両隣会議の役割

① 地域住民、ケアマネジャーをはじめとする関係機関から幅広くニーズをキャッチする。
② 必要性を判断し、タイムリーに開催する。
③ ご本人の支援に携わるメンバーを参集し、公民館や自宅・診察室などで随時開催する。
④ 個別課題解決を第一目的とし、そのプロセスにおいて、向こう三軒両隣の近隣者と専門職のネットワークを育む。
⑤ 会議内容を集約し(記録方法を統一する)、「地域包括ケアシステム推進会議」に提出する。

シート 2-11

のある人に限定し、地区医師会の代表とか、介護保険課の課長というような肩書きで参加を依頼することはしません。会議の目的に合わせ、適切なメンバーを参集できるかどうかが、会議の成否に大きく影響します。

● 互助の力を引き出すためのつながりづくり ●●●●

　向こう三軒両隣会議は、地域ケア会議のなかで、ベースになる最も大切な会議です。

　さまざまなケースに1つひとつ対応していくなかで、近隣の住民や民生委員、自治会長、ケアマネジャーが膝を突き合わせて考える機会が増えてきました。そのなかで、ちょっとした見守りなど、小さくても有効な社会資源が開発されたり、ネットワークができたりします。支援困難ケースを通して、地域での人と人とのつながりが生まれ、専門職も介護保険も手が届かなかったところに、向こう三軒両隣会議から生まれた「互助」が力を発揮してくれます。このような互助のネットワークを育ててくれるのは、目の前で困っている利用者のニーズに他なりません。

◀シート2-11

困りごとを軸として、さまざまなネットワークが育まれます。

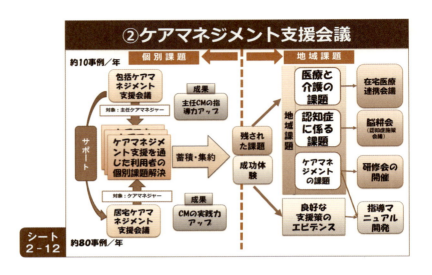

シート2-12

　向こう三軒両隣会議は、住民などによるインフォーマルなサポートと、行政や専門職によるフォーマルなサポートを結びつけるネットワークづくりの意味合いも大きい会議です。

● もう1つの個別事例検討会議 ●●●

シート2-12▶

　「この難しい課題にはどのように対応すればよいのだろう」「自分のケアマネジメントは利用者の声が十分聞けていないのではないか」「利用者と家族の意見が対立しているが、ケアマネジャーとしてどう支援したらよいのだろう」etc.…このようなケアマネジャーの抱える課題を話し合う場が、ケアマネジメント支援会議です。

　実は、以前から行っていた介護給付費適正化事業*のカンファレンス方式ケアプランチェックの仕組みが、そのままこの会議に引き継がれています。2013年に、ケアマネジメント支援会議という名称に変更し、地域ケア会議として位置づけました。

*介護給付費適正化事業：介護給付費や介護保険料の増大を抑制するため、都道府県と保険者により2008年度から展開。ケアプランチェック、住宅改修のチェック、介護給付費通知などを通じて、適切な介護サービスの確保、不適切な給付の削減をはかる事業。

● 居宅でも地域ケア会議を開催

　ケアマネジメント支援会議は、専門職、そして実践者であるケアマネジャーが、主任ケアマネジャーの支援を受け、その実践力の向上に寄与することを第一の目的としています。そのなかでは、事例のアセスメントと支援のプロセスを丁寧に振り返ることにより、課題を整理し、新たな気づきと、さらなる積極的な試みを支援します。つまり、ケアマネジャーを支えることにより、利用者を支えていくのです。
　朝来市の大きな特徴は、包括が企画するケアマネジメント支援会議に加え、居宅の主任ケアマネジャーが、各事業所でケアマネジメント支援会議を開いている点です。そして、会議のなかでは、できていないことを指摘したり批判したりするのではなく、徹底してサポーティブな姿勢で、悩んでいるケアマネジャー自身の気づきを促すような質問を重ねながら、皆で事例を共有し掘り下げていきます。1つの事例を丁寧に考えるため、1回の会議で取り上げるのは1事例のみ、70〜90分が目安です。

● 主任ケアマネジャーに求められる力量とは

◀シート2-13

　包括が主催するケアマネジメント支援会議は、居宅の主任ケアマネジャー13人と一緒に行う月例カンファレンスです。そこでは、居宅の主任ケアマネジャーが、アセスメント力、部下や後輩をうまく指導するスーパービジョンの力、そしてカンファレンスを運営するファシリテーションの力、この3つの力を手に入れるという目標を立て、スーパービジョンの相互体験を積み重ねています。これは、公開トレーニングの場ともいえます。
　そして、継続して取り組むケアマネジメント支援会議が、居宅で開催する会議です。居宅の主任ケアマネジャーが、培ってきたスーパービジョンの技量をそれぞれの事業所に

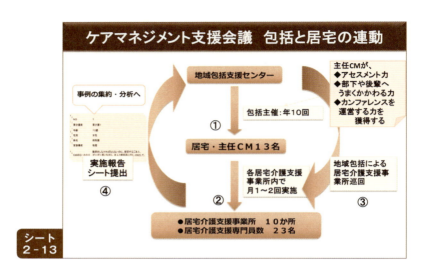

もち帰り、部下や後輩へ、カンファレンスを通して実践を振り返り、言語化していくプロセスを提供するのです。朝来市にある10カ所の居宅介護支援事業所では、主任ケアマネジャーによる月1～2回のカンファレンスが、しっかりと行われています。

主任介護支援専門員の資格をとるのは事業所加算のため、という話をよく聞きますが、朝来市では、ケアマネジメント支援会議をつうじて、主任ケアマネジャーがスーパーバイズ能力を磨き、それが部下や後輩のサポートにしっかり活かされています。

ケアマネジメント支援は、包括と居宅の連動で！

● 事例の蓄積が地域の課題へ ●●●

シート2-14▶

＊Webでテンプレートをダウンロードできます。

包括は、居宅を回ってケアマネジメント支援会議の運営をサポートし、居宅は、会議を開いたら必ず「実施報告シート」＊を包括に提出します。そして、集まった報告書の事例の集約・分析を、包括が行います。包括と居宅の主任ケアマネジャーの協力体制が、朝来市の地域ケア会議を支えています。

②ケアマネジメント支援会議の役割

①ケアマネジメントを支援することで、間接的に利用者を支援する。
②ケアマネジャーが安心して、支援のプロセスを振り返ることのできる「場」を作り、その実践力の向上に寄与する。
③包括と居宅の主任ケアマネジャーが協働で実施する。
④事例の蓄積・分析から、ケアマネジメントしやすい環境づくりや指導マニュアルの開発を行う。
⑤『地域包括ケアシステム推進会議』との連動により、資源開発等に必要な情報収集や分析・検討を行う。
⑥これらの検討結果は、地域包括ケアシステム推進会議に提出する。

シート2-14

　朝来市では今、向こう三軒両隣会議で年間50件ペース、ケアマネジメント支援会議では90～100件ペースで事例が蓄積されています。これを、成功体験と残された課題に分けていくと、成功体験は、良好なケアマネジメントのエビデンスとして、「指導マニュアル」作成の基礎資料になります。
　そして、重要なのが残された課題です。この残された課題を地域包括ケアシステム推進会議のテーブルにのせ、医療と介護の課題、認知症に係る課題、ケアマネジメントの課題というように、地域の課題へと転換していきます。向こう三軒両隣会議とケアマネジメント支援会議を、単なる個別事例の検討会議ではなく、地域ケア会議に位置づける意味がここにあります。
　まずは1事例1事例、個別ケースにしっかりと向き合うことが基本です。そして、もう1つ大切なことは、それらの支援経験をそのままにしないということです。うまくいったことは、次に活かせる「実践知」へ、残された課題は地域課題の種へと発展させることが肝要です。

2-4 地域課題を検討する3つのテーブル

脳耕会、在宅医療連携会議、地域包括ケアシステム推進会議

● 地域に根づいた認知症の検討会 ●●●

シート2-15▶ 　脳耕会は、増加している認知症支援の課題を何とかできないかと、朝来市の保健師と精神科医が2003年に立ちあげた会議です。認知症予防のドリルを開発したり、体操を考案したり、認知症高齢者と家族の集いの場づくりを支援するなど、15人の委員を中心に、専門職と住民が1つのテーブルを囲み、さまざまな取り組みを続けてきました。

　以前は、委員がその時に問題と感じていることをテーマにしていましたが、地域ケア会議として位置づけられたことで、「認知症高齢者を地域で支える仕組みづくり」という機能と役割が明確になりました。

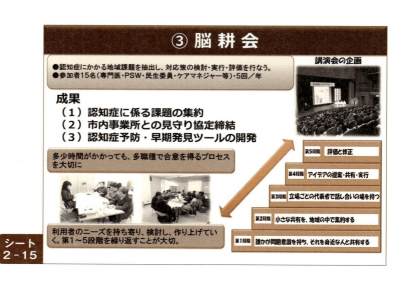

③ 脳耕会の役割

① 「地域包括ケアシステム推進会議」との連動により、朝来市の認知症にかかる地域課題の情報収集や分析・検討を行う。
② 認知症に関連する地域課題を発見し、情報を収集すると共に、その解決策を検討する。
③ 必要に応じて作業部会を設置し、具体的な検討を行う。
④ 解決の仕組みや資源を開発・検討し、「地域包括ケアシステム推進会議」へ報告する

シート 2-16

● 見守りネットワークを実現 ●●●

　脳耕会では、個別事例の検討はしません。地域課題のうち認知症に特化して、地域の制度や施策に結びつく課題を話し合う役割を担っています。

　2013年度には、認知症高齢者の「徘徊」リスクの高まりに対し、見守り協定の推進をテーマに話し合い、地元の銀行や郵便局などを巻き込んだ「朝来市安心見守りネットワーク事業」の実現にこぎつけました。2014年度は、国の施策である認知症ケアパスの作成をメインテーマに据え、他の地域ケア会議とも連携しながら、認知症ケアという地域課題に取り組んでいます。

◀シート2-16

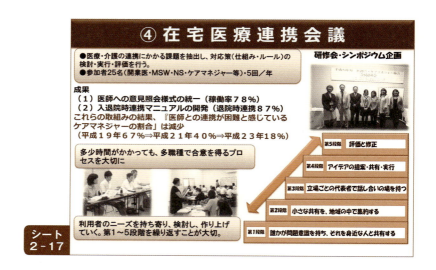

シート2-17

● 多職種の連携で在宅療養を支える ●●●

シート2-17▶　在宅医療連携会議は、医療と介護の連携強化を目的に、医師会、看護師、医療ソーシャルワーカー、ケアマネジャーなどの専門職が集まり、「ケアマネジャーと主治医の連携」「利用者が入院した際の主治医への連絡」「入院医療機関への情報提供」「退院に向けたカンファレンス」など、医療・介護の連携にかかわる問題を以前から話し合ってきました。

　そして、これらを解決するためには、連携のためのしっかりした仕組みづくりが必要、という認識から、意見照会表や情報共有シート、入退院時の連携マニュアルなどをつくり、研修会を開いて地域への周知を進めました。こうした連携の仕組みやツールが地域で機能しつづけるには、現場で実際に問題を感じている専門職が、その思いを持ち寄り、一緒に考えてつくり上げるというプロセスが大切です。

④在宅医療連携会議の役割

① 「地域包括ケアシステム推進会議」との連動により、朝来市の介護・医療にかかる地域課題の情報収集や分析・検討を行う。
② 医療と介護に関連する地域課題を発見し、情報を収集すると共に、その解決策を検討する。
③ 必要に応じて作業部会を設置し、具体的な検討を行う。
④ 解決に向けた仕組み・ルール・資源を開発・検討し、「地域包括ケアシステム推進会議」へ報告する

シート 2-18

● 多職種が一堂に会することのメリット ●●●

◀シート2-18

　医療と介護が効果的に連携するためには、多職種が互いの専門性の理解や、視点、考え方の違いを踏まえた上で、役割分担しながら協働できる体制づくりが求められます。

　在宅医療連携会議は、連携のためのシステムづくりを中心に検討していますが、会を重ねるうち、しだいに医療職と介護職の間の垣根が取り払われ、話のしやすい関係、そして連携のためのネットワークができてきました。

　医師は、理解しにくい介護保険の用語をケアマネジャーに質問し、ケアマネジャーは質問に答えることで説明力が磨かれます。また、病院の医師や看護師は、見えにくかった患者の退院後の生活がイメージでき、入院中の退院支援に活かせます。医師は、利用者を医学的な面から見るだけでなく、家族の関係性や介護力、生活歴なども意識するようになり、ケアマネジャーも利用者が抱える医療面のリスクをきちんと把握するというように、利用者を理解するための多面的な情報が、共有できるようになっています。

ちょっとひと言

医療と介護の連携は"言葉"の共有からスタート！

ちょっとひと言

地域課題の決定と優先順位の決定を担う中枢会議体です。

⑤地域包括ケアシステム推進会議

「地域課題」を決定する中枢会議体の設置
地域包括ケアシステム推進会議

- 各地域ケア会議体の代表者
- 社協、シルバー人材、医療機関、福祉施設、行政等　計10名

①〜④の地域ケア会議を集約。介護保険運営協議会(介護保険事業計画策定委員会)へ、政策提言する。

シート 2-19

● **少数精鋭の中枢会議** ●●●

シート2-19, 2-20 ▶

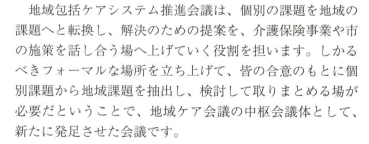

ちょっとひと言

各会議体の代表者が、会議同士を連動させるキーパーソンになっています。

　地域包括ケアシステム推進会議は、個別の課題を地域の課題へと転換し、解決のための提案を、介護保険事業や市の施策を話し合う場へ上げていく役割を担います。しかるべきフォーマルな場所を立ち上げて、皆の合意のもとに個別課題から地域課題を抽出し、検討して取りまとめる場が必要だということで、地域ケア会議の中枢会議体として、新たに発足させた会議です。

　地域包括ケアシステム推進会議の委員は、医師会の代表、社会福祉協議会の代表、介護保険運営協議会の代表など、地域の医療・介護・福祉関係の主だった人びとに、在宅医療連携会議、脳耕会、ケアマネジメント支援会議とのパイプ役を担う、医療ソーシャルワーカー、心理士、主任ケアマネジャーを加えた10名です。

⑤地域包括ケアシステム推進会議の役割

①各地域ケア会議の個別課題を検討し、地域課題へ転換する。
②資源開発、政策提言できるよう、「ケアマネジメント支援会議」「脳耕会」「在宅医療連携会議」へ必要な検討を依頼する。
③「ケアマネジメント支援会議」「脳耕会」「在宅医療連携会議」から報告を受け、その検討内容を集約する。
④介護保険運営協議会(介護保険事業計画策定委員会)へ政策提言する。

シート 2-20

● **地域課題を政策提案につなぐ責任** ●●●

　包括が向こう三軒両隣会議をとりまとめ、居宅の代表主任ケアマネジャーが、ケアマネジメント支援会議をとりまとめて、推進会議のテーブルに「ドン!」とのせます。推進会議の委員はまず、そこから地域課題を洗い出します。そして、認知症の徘徊や盗られ妄想、アルコール疾患、在宅でのターミナルケアなど、見えてきたさまざまな地域課題に優先順位をつけ、脳耕会や在宅医療連携会議に検討を依頼します。そこでの話し合いの結果を受けて、地域包括ケアシステム推進会議から介護保険運営協議会(介護保険事業計画策定委員会)へ施策提案をする、という流れになります。

ちょっとひと言

中枢会議体には、他の会議体にオーダーを出せる一定の権限を付与しています。

2-5 連携の仕組みをデザインする

● 朝来市の会議デザインの特徴 ●●●

シート2-21▶

　朝来市の特徴は、既存の会議を活用していること、そして下の2つ（①②）は個別の課題を扱う会議、上の3つ（③④⑤）は地域課題を扱う会議として、個別の課題と地域の課題を分けて会議体をつくっている点です。また、個別課題を扱う地域ケア会議は1種類のところが多いのですが、朝来市ではあえて2つに分けています。

　向こう三軒両隣会議は、利用者の困りごとを地域ぐるみで解決していく利用者支援を目的とした会議、ケアマネジメント支援会議は、ケアマネジャーの悩みや困りごとをしっかりサポートすることを目的とした会議です。

　向こう三軒両隣会議では年間約50事例、ケアマネジメント支援会議では約80〜90もの事例が検討され、包括に

デザイン図をつくるプロセスが大切！

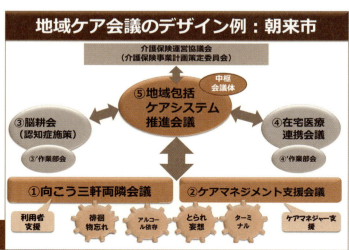

> ### 5つの地域ケア会議を組み合わせる
>
> ① 個別課題を扱う会議は「向こう三軒両隣会議」と「ケアマネジメント支援会議」とする。
> ② 「地域包括ケアシステム推進会」は、「向こう三軒両隣会議」と「ケアマネジメント支援会議」で検討された個別課題を地域課題に転換する役割を担う。
> ③ その地域課題は、「地域包括ケアシステム推進会議」が中心となり、「脳耕会」や「在宅医療連携会議」と連動しながら解決に向けた検討を行う。
> ④ 政策提言は、「地域包括ケアシステム推進会議」から「介護保険運営協議会(介護保険事業計画策定委員会)」へ提出する。

シート2-22

は1年で150近い事例が蓄積されます。そこからは、さまざまな地域の課題、ケアマネジャーの課題が浮かびあがってきます。

● 会議どうしをスムーズに連動させる工夫 ●●●

　150もの事例から地域課題を抽出する作業は、包括だけで行うのではなく、中枢会議体のテーブルに検討素材としてのせます。シート2-21中央の太い矢印、これが重要です。もちろん、一覧表にまとめて、カテゴリーで分けたり括ったりする程度は包括で行いますが、朝来市の地域課題の優先順位を決めるのは地域包括ケアシステム推進会議です。ここはほんとうに推進力のある会議で、医師会やケアマネジャー協会の代表など、地域の医療・介護・福祉の核になるメンバーを集めていますが、さらに、地域ケア会議の中枢としてしっかり機能するように、ケアマネジメント支援会議、脳耕会、在宅医療連携会議から代表者にひとりずつ入ってもらいました。会議間の矢印の部分を担う役割です。

◀シート2-22

Column

地域課題の決定と優先順位

　地域が抱える地域課題は、1つではありません。さまざまな地域課題がひしめき合い、どれから手をつけようかと混乱する場合もよくあります。そういった状況の中、朝来市の地域包括ケアシステム推進会議は、地域課題に「優先順位をつける」という点で、早速機能しはじめています。その1例をご紹介したいと思います。

*

　2013年4月、市内のケアマネジャーに行ったアンケートでは、ターミナルケアの難しさを感じるという回答が最も多く、ケアマネジメント支援会議でもターミナルケアに関する事例が多く提出されていました。一方、在宅医療連携会議では、ターミナル以外にも「在宅療養手帳の統一」「認知症に特化した医療と介護の連携」「入退院時マニュアルの修正」など、さまざまな課題を検討すべきとの声が多く、意見が分かれていました。

　つまり、ケアマネジャーはターミナル、MSW（医療ソーシャルワーカー）は入退院時のマニュアル更新、医師は療養手帳、そしてケアパスをつくろうとする包括は認知症というように、問題意識がバラバラで、さらに地域課題を総合的に共有する場がなく、ましてや優先順位をつけることは至難の業、という状況でした。

　これら一連の状況を整理していくためには、「領域ごとの地域課題を明確にすること」と、「地域課題に優先順位をつけること」の2つの作業が必要であることが見えてきます。そして、この難しい2つの作業を実施する場を、「地域包括ケアシステム推進会議」と位置づけたのです。

「地域課題」を決定・共有することは難しい‥

> **全体デザインのポイント（朝来市の例）**
>
> ①ひとつの会議に多くの機能をもりこまない。
> ②個別課題と地域課題を同じテーブルで扱わない。
> ③個別課題の検討は、「本人・家族」の個別課題なのか、「ケアマネジャー」の個別実践課題なのかを明確にする。
> ④それぞれの会議を組み合わせ、連動しながら効果的に機能するようデザインする。
> ⑤それぞれの会議の「目的」達成に寄与する「内容」「参集者」「開催方法（随時or定期）」にする。
>
> シート2-23

● 欲張らず1つずつ ●●●

ここで、地域ケア会議をデザインするときの5つのポイントを、朝来市の経験からまとめてみました。　◀シート2-23

まず大切なのは、①1つの会議に多くの機能を盛り込まないようにすること。そうする方が、やるべきこと、考えるべきことが明確にしぼられ、会議の目的が達成しやすいからです。また、①とも関係しますが、②個別課題と地域課題を同じテーブルで扱わないこと。個別課題と地域課題をしっかりと分けて考えることが重要です。

● 利用者支援とケアマネジャー支援を分ける ●●●

また朝来市では、③個別課題を検討する場合、本人や家族の課題なのか、それともケアマネジャーの困りごと、実践課題なのかを明確にし、扱う会議体を分けています。ここも大事なポイントです。利用者さんを支援するのか、ケアマネジャーを支援するのか、会議の目的をはっきりさせるということです。

そして、④それぞれの会議を組み合わせて、連動しながら効果的に機能するようなデザインを考えること。⑤それぞれの会議の目的と内容にあったメンバーを招集し、開催方法を柔軟に調整すること。この①〜⑤を念頭において、シート2-7（49ページ）と2-8（50ページ）の表をもう一度見直してみましょう。

　以上、朝来市のデザインと、5つの地域ケア会議の機能についてご紹介しました。皆さんの地域でも、5つのステップを積み上げながら、それぞれのデザインを描いていくヒントをつかんでいただければと思います。

> これらのデザインを用いて地域ケア会議の目的を達成するためには、「デザイン」と「目的」を多くの人と共有するプロセスをつくることが大切です。つまり、作成段階でできるだけ多くの人の知恵と手を借り、何回も練り直すこと。そのプロセスを飛ばして、目的達成に寄与するデザイン図はつくれないと思います。

「課題」と向き合う人を支え、地域をつくる

谷　義幸
（兵庫県介護支援専門員協会
気づきの事例検討会推進運営委員会委員長）

◆深刻化する地域課題にどう向き合うか

　1995年の阪神淡路大震災の後、仮設住宅などでの「孤独死」が社会問題として注目されました。そして、近年、"無縁社会"という言葉に表わされるように、決して他人事ではなくなってきた孤独死とその背後にある「社会的孤立」の問題は、全国どの地域でも、切実な福祉・介護の課題として浮かび上がってきています*。

　「社会的孤立」をはじめとして、今後、ますます深刻化する地域の課題に、私たちはどのように向き合えばいいのでしょうか。朝来市では、個別課題から地域課題を導き出して解決を目指すデザインを描き、この2つの課題検討の場を連動させています。特に注目すべきなのは、ケアマネジメント支援をしっかりと位置づけ、取り組みの拠りどころとなる「哲学」を大切に育んでいることではないでしょうか。

◆支援者支援が課題解決力につながる

　さまざまな事柄が絡み合う暮らしの課題に対して、表面にみえるニーズへの対応だけでは、問題の解決を難しくするどころか、事態を悪化させてしまう場合もあります。まずは、その事例に向き合っているケアマネジャーをはじめとした支援者のかかわりを丁寧にたどることが、何よりも大切です。

　利用者はどんな困難を抱えていて、とりまく状況はどうか、支援者はどんなかかわりをしようとしたか、これらの相互作用の総力で、どこまで現実的な変化が可能か、などを俯瞰して考えることで、必要な支援が見えてきます。1つの事例について、

＊参考：河合克義ほか編著『社会的孤立問題への挑戦－分析の視座と福祉実践』（法律文化社・2013年刊）

じっくりと困難の背景を解きほぐし、解決にむけた手立てを紡ぎ、見通しをもつ…、その繰り返しによって、支援する側の対応の幅が広がり、支援者集団（チーム）としてのケアの質が高まるはずです。そして何よりも、事例を見つめ直すプロセスは、支援者自身の励みになり、課題解決に向かう「力づけ」につながります。

さらに、1つの事例を丁寧に見ていくなかでこそ、その背後で、同じような課題を抱えながら地域に埋もれてしまっている人たちに目を向け、共感とリアリティをもって、地域共通の問題としていく起点となります。朝来市のデザインのように、ケアマネジメント支援を核とした仕組みづくりによって、現場の個別課題の検討と、地域全体の課題解決とをつなぐ"橋渡し"ができるのだと思います。

◆**現場の実感を重ねることが大切**

現場は「実感」でまとまります。たとえ直接のかかわりがない事例の検討でも、支援者として似たような経験、通じる思いなどが実感できると、互いの距離が縮まり、同じ方向にベクトルが向かう感覚が芽生えます。このような「現場の実感」を重ねることで、"わたしの実践"から"わたしたちの実践"になります。利用者の個別課題も、地域全体の課題も、解決に向かうのは、ひとりのファインプレーではなく、みんなのチームプレー、すなわち、"わたしたちの実践"こそが、困難な状況を突破する決め手なのです。

第三者的な専門家からのアドバイスや助言よりも、「現場の実感」から"わたしたちの実践"をつくり上げていくことの大切さ、この「哲学」が地域ケア会議に求められるのではないでしょうか。

3章

1つの課題が、人をつなぎ地域をつくる

～事例ワーク：向こう三軒両隣会議～

地域ケア会議で大切なのは、何よりも個別課題の解決を重ねること。地域課題の集約も資源開発も、そこからはじまります。本章では、朝来市の取り組みについて、具体的な事例とワーク（演習）を交えて示し、どの地域でも実践できるイメージづくりを助けます。

3-1 ニーズキャッチとスクリーニングの方法

● 事前の準備が会議の成否を分ける ●●●

地域包括支援センターに利用者支援について困りごとの相談があったとき、それを地域ケア会議で取り上げるかどうかは、会議主催者である行政や包括が判断します。

そのためには、2章でご紹介した「地域ケア会議のプロセスサイクル」* の左半分、「個別課題の検討」のサイクルの手順を踏んで、実施していく必要があります。

ここでは、個別課題の検討のための①ニーズキャッチ、②スクリーニング、③事前アセスメント、④開催準備、⑤個別ケース検討、⑥支援実施、という手順を、小林さん（仮名）の事例をもとに、ワークをまじえながら追体験していきましょう。

*シート2-2（40ページ）参照。

| 「個別課題検討」のサイクル |

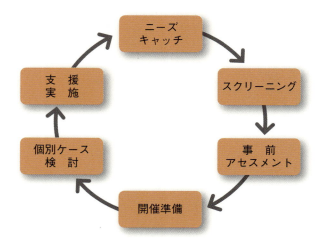

ニーズキャッチ

- 小林さん（仮名）は、６８歳の男性。
- ５６歳の妻と二人暮らしです。
- ３年前に家を新築し、近隣から引っ越してこられました。
- ２年前にアルツハイマーと診断され、３か月前からは、以前住んでいた家に帰ろうと出て行かれるようになりました。
- しかし、目的地にはたどりつけず、近隣の家の庭に入りこんだり、道に迷ったところを助けてもらったりしています。

シート3-1

● **事例の概要** ●●●

まずは、ニーズキャッチからはじまります。包括に小林さんのニーズがもちこまれる場面です。　　　　◀シート3-1

皆さんの地域にも、小林さんのような方がいらっしゃるのではないでしょうか。住む場所が少し変わった後に不穏になり、アルツハイマー型認知症の方だったため、徘徊が見られるようになったケースです。以前住んでいた地区をめざして歩いて行くのですが、家はもう取り壊されているため、小林さんは家を探してウロウロ歩きまわり、周辺の家の庭に入り込んだりします。道に迷っているところを、助けてもらったこともありました。

● **地域のニーズが包括に集まる** ●●●

皆さんの地域では、このようなケースの情報は、どのようなルートで包括に入ってくるでしょうか。　　　◀シート3-2

民生委員、あるいはケアマネジャー、地域によっては社会福祉協議会から相談が寄せられることが多いなど、それ

まずはニーズキャッチが大切！

ニーズキャッチ

● あなたの地域包括支援センターでは、このようなケースの情報は、どのようにして入ってきますか？

シート 3-2

それの地域でニーズキャッチのアンテナの特色、強みや弱みがあると思います。

朝来市では、やはりケアマネジャーからの相談が多く、半分を占めます（下図参照）。その核となるのが、居宅の主任ケアマネジャーです。

あとの半分は民生委員、家族、4カ所ある高齢者相談センター（在宅介護支援センター）、そして入退院時の医療・介護連携に関する医療ソーシャルワーカーからの相談などです。包括はつねに、ニーズキャッチのアンテナを幅広くもっておくことも大切です。

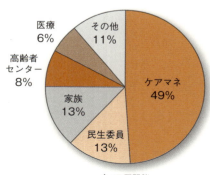

2013（平成25）年度地域ケア会議（向こう三軒両隣会議）の開催要請者

全47回開催

さまざまなニーズキャッチの方法

居宅主任ケアマネ
- ■一次支援
  事業所内の
  　ケアマネジメント支援
  ・個別相談（個別SV）
  ・同行訪問
  ・サービス担当者会議　等
- ■二次支援
  ⇒地域包括へ

地域包括・居宅
- ■自治会長・民生委員から
- ■医療機関から
- ■シルバー人材
- ■ボランティアから
- ■近隣者から
- ■関係機関から　等
⇒あらゆる機会・場面を
　とらえて「人」とつながる

ちょっとひと言
ニーズキャッチの
ルートはいろいろ！

シート3-3

● **主任ケアマネジャーによる事業所内支援** ●●●

◀シート3-3

　このシートは、地域ケア会議のニーズキャッチの方法を、居宅の主任ケアマネジャーと包括のそれぞれについて整理したものです。朝来市では、この図を居宅の主任ケアマネジャーに渡しています。

　「一人ケアマネ」の事業所もありますが、数人の部下を束ねている主任ケアマネジャーは、全国に大勢いらっしゃるはずです。まずは、事業所内で部下や後輩のケース相談に積極的にのることが、主任ケアマネジャーとしての一次支援であり、ニーズキャッチの最前線です。

　そして、一次支援のなかで問題が解決できなかったケース、あるいは社会資源の開発につなぐべきケースを、二次支援として、スクリーニングした上で包括に連絡してもらい、包括が向こう三軒両隣会議開催に向けた準備をはじめます。

● ネットワークづくりは包括の得意分野 ●●●

　包括は、居宅のケアマネジャーとの連携に加え、さまざまな機関や人とのつながりを、広くもっておくことが求められます。

　包括は、忙しいなかであれもこれもやれと言われ、どんどん業務が増えています。介護予防のケアプラン作成、認知症サポーター養成講座、ケアマネ支援…、ある日の午前中は虐待の相談で出かけ、午後からは地域の介護予防教室に出向いたり、ミニデイの世話役とセッションをしたり、夜には地域の民生委員向けの研修があったり、という具合で、「今日、要支援1の〇〇さんのケアプランを立てようと思っていたのに、立てられなかった」…、そんな毎日です。

忙しさのなかに、つながりを見出しましょう。

　でも、この忙しさを別の角度から見ると、本当に多くの人や機関と、包括の業務をつうじて日々接しています。そこで生まれたつながりを、ぜひニーズキャッチに活かしてください。ちょっと声をかけておけば、老人クラブの会長さんも、家事支援で高齢者の家に行かれているシルバー人材センターの皆さんも、周囲に目を配り、ニーズの発見者になってくださいます。

● ニーズキャッチは関係づくりから ●●●

シート3-4▶

　朝来市は人口約3万2,000人、地域包括支援センター2カ所（直営1、委託1）、在宅介護支援センター4カ所に、年間約7,000件の総合相談が寄せられています。同規模の市と比べると、件数はけっこう多いようです。まずは総合相談がたくさん寄せられること、つまり困りごとは包括に相談しようと、地域の皆に思ってもらえるような仕組みや体制づくり、日ごろからの関係づくりが大切です。

　朝来市は、国が「地域ケア会議、地域ケア会議」と言い出してから会議をはじめたわけではありません。もっと以

3-1 ニーズキャッチとスクリーニングの方法

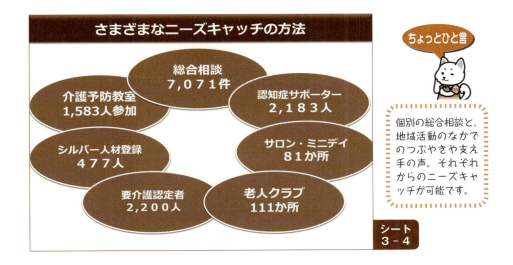

個別の総合相談と、地域活動のなかでのつぶやきや支え手の声。それぞれからのニーズキャッチが可能です。

シート3-4

前から、生活のしにくさを抱えるケースがあれば、包括が民生委員や自治会長、ケアマネジャー、ヘルパーなどに声をかけて気軽に集まり、話し合いをしていました。小さな町なので、このような地域との関係性がつくりやすかったこともありますが、振り返ると、困りごとがあったからこそ、皆が膝をまじえて一緒に考える、支援のネットワークができる、それがさらに次のケースの発見や問題解決につながる、というサイクルが生まれたのだと思います。

● 窮地に立つケアマネジャーからのSOS ●●●

では、さきほどの小林さんの事例に戻りましょう。
認知症で徘徊が見られる小林さんに関して、「道に迷っているところを助けた」とか、近隣者からの「勝手に庭に入り込まれて迷惑」という声が、自治会長のもとへ届けられます。それを聞いた自治会長が、家族に伝える場合も、ケアマネジャーに連絡する場合もあるでしょう。
一方、奥さんも、施設入所させるしかないのかと、途方に暮れてケアマネジャーに相談し、困ったケアマネジャー

◀ シート3-5

> ## ニーズキャッチのルート
>
> - 小林さん（仮名）は、６８歳の男性。
> - ５６歳の妻と二人暮らしです。
> - ３年前に家を新築され、近隣から引っ越してこられました。
> - ２年前にアルツハイマーと診断され、半年前からは、以前住んでいた家に帰ろうと出て行かれるようになりました。
> - しかし、目的地にはたどりつけず、近隣の家の庭に入りこんだり、道に迷ったところを助けてもらったりしています。
> - 近隣者からの「勝手に庭に入られて迷惑」という声が、自治会長に届けられました。
> - 妻は、ご本人を「施設入所させるしかないのか・・」と、途方にくれています。
> - <u>ケアマネジャー</u>が処遇に困り、地域包括へ相談しました。

シート
3-5

が包括へ相談に行った、というルートでのニーズキャッチでした。

● **会議の目的をきちんと言葉で説明する** ●●●

シート3-6▶　それでは、この小林さんのケースのスクリーニングを考えてみてください。小林さんの場合、地域ケア会議を開催する必要はあると思われますか。あるとすれば、その理由はどのようなものでしょうか。地域ケア会議の目的・機能を考えながら書いてみてください。

＊

「地域ケア会議を開いた方がいいかも」とか、「このケースの場合はサービス担当者会議で十分」、あるいは「会議を開くより同行訪問の方が効果的なのでは」など、さまざまな意見があると思います。

実際には、「ええやん、地域ケア会議しよ！」と、その場のノリみたいな感じで進んでいったりもします。そこでいったん立ち止まり、「なぜ地域ケア会議をやるのか」と聞かれたら、言葉で説明するのは意外に難しいものです。

ケース・スクリーニング

- 小林さんのケースについて、地域ケア会議を開催する必要性はありますか？
- あるとすればその理由はどのようなものですか？

シート 3-6

しかし、その部分を言葉にできなければ、自治会長や医師に参加を依頼するとき、会議の目的をきちんと伝えられません。ここを、主催者である包括の3職種*がしっかり考え、共有しておくことが大切です。

スクリーニングは、小林さんのケースを地域ケア会議で検討する「目的」を考えることでもあるのです。

● 4つの視点でケースを見る ●●●

地域ケア会議で取り上げるべき事例かどうかを判断するために、朝来市では4つの視点から考えるようにしています。この視点は厚生労働省の資料**に掲載され、全国研修でも解説されています。

まず1つ目の視点は、ケアマネジャーの実践力です。ベテランか新人か、問題解決能力はどうかを見きわめます。

2つ目は、効果的なネットワークがあるかどうかを見ていきます。そのケースには、使える社会資源がたくさんあるのに、ネットワークができていないような場合、たとえば警察や消防の力が必要な場合、包括が警察や消防とのネ

*地域包括支援センターの3職種：保健師（等）、社会福祉士、主任介護支援専門員。地域包括ケアシステム構築のために、各職種がそれぞれの専門性を発揮しつつ、チームでアプローチすることが求められている。

◀シート3-7

**厚生労働省『地域包括ケアの実現に向けた 地域ケア会議実践事例集〜地域の特色を活かした実践のために〜』(2014年3月公表)。

ットワークをしっかりもっていて、それをケアマネジャーに手渡すため、ネットワークづくりのために、地域ケア会議を開くということです。

3つ目は効果的な資源の存在です。このケースを支える資源が自分の地域にあるかどうか、ないのであれば、資源開発の目的で地域ケア会議を開く必要がある、という視点です。

そして最後に、問題の大きさや多さです。「多さ」というのは数や頻度のことで、その人だけでなく、他にも同じような困りごとを抱えた人が地域に大勢いるとすれば、地域の課題として考え、効果的な社会資源開発に向けた地域ケア会議を開催します。

問題の「大きさ」も重要です。これは「深刻さ」「影響の大きさ」という視点です。その人個有の問題であっても、生命にかかわる場合、あるいは世帯全体を巻き込んだ深刻な問題になっている場合には、その問題を解決に導くために、地域ケア会議を開く必要がある、と判断します。

● **ケアマネジャーの力量を見きわめる** ●●●

　この4つのポイントについて、まずは1つずつ分けて考え、その後、すり合わせながら考えていきます。たとえばケアマネジャーが新人の場合、問題がさほど大きくなくても、さまざまな視点からアセスメントの幅がひろがるよう、包括が介入して、ケアマネジメント支援の目的で地域ケア会議を開くこともあります。

　反対に、ケースの抱える問題がかなり大きく、対応が難しくても、担当のケアマネジャーがベテランで実践力もあり、効果的なネットワークをつくれるようなケースでは、ケアマネジメント支援の目的で地域ケア会議を開催する必要はないわけです。でも、そのケースを支える行政の基盤や体制、有効な社会資源がまだないのであれば、効果的な資源を開発するために、地域ケア会議のテーブルに乗せるという選択もあります。朝来市では、この4つの視点で比較したり括ったりしながら、地域ケア会議の開催を決めています。

● **トラブルの深刻さや広がりを考慮** ●●●

　それでは、小林さんの事例を、スクリーニングの4つの視点で考えてみましょう。　　　　　　　　　◀シート3-8

　まず、**ケアマネジャーの実践力**ですが、まだ2年目の新人で、どうしたらいいかわからないと悩んでいました。

　それから、このケースがはらむ**問題の大きさ、多さ**を考えると、認知症高齢者の徘徊は、交通事故のリスクも高く、もはや小林さんだけの問題ではありません。また、近隣者や自治会長を巻き込んだ大きなトラブルに発展しつつあります。このような問題を、経験年数2年目のケアマネジャーだけで抱えるのは、とても荷が重いと予想されます。

　効果的なネットワークも、まだ不足しています。ネット

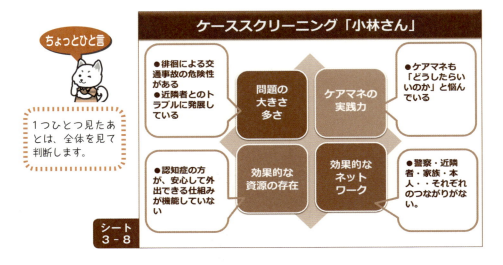

> **ちょっとひと言**
> 1つひとつ見たあとは、全体を見て判断します。

ワークをつくるためのケアマネジメント支援も必要ですし、朝来市で多発している徘徊という地域課題に対する、見守り体制などの<u>資源開発</u>も求められます。小林さんの事例は、4つの視点すべてにおいて、地域ケア会議を開催すべきケースということになります。

● **不足している情報は何かを考える** ●●○

この事例を地域ケア会議で検討すると決まったら、次は会議開催に向け、誰を呼ぶか、何を中心に話し合うかなどを決めていかなければなりません。現時点ではまだ情報が不足しているので、さらなる情報収集とアセスメントが必要です。

シート3-9▶ ここでまた、皆さんに考えていただきたいと思います。この事例をよりよく理解するためには、どのような情報が必要でしょうか。情報の入手方法も記入してください。

＊

研修会などでは、この個人ワークをもとに、グループでのすり合わせをします。自分が知りたいと思った情報と、

更なる情報収集・アセスメント

● この事例をより良く理解するためには、どんな情報が必要でしょうか？
また、それをどのように入手しますか？

必要な情報	入手方法

シート3-9

ちょっとひと言

情報収集には人それぞれ、くせや偏りがあります。まずはそこに気づくこと！

他の人が知りたいと思った情報には、同じ場合も違う場合もあるはずで、その特徴を知ることが大切です。何が同じで何が違うのかを知ることで、人や問題を理解するときの、自分自身の切り口のくせが見えてきます。

過去の研修で出た例をあげておきます。
- 家族関係、特に、子どもはいないのか、家族や親せきなど支援者になりうる人が近くにいないのか
- 認知症の方の行動には原因があるので、以前と現在の住まいの環境
- 認知症だけでなく、他の疾病の状況など
- 夫婦の関係性
- 地域でのこれまでのお付き合い、地域にどのようにかかわってきたか
- 介護サービスの利用状況
- 日常の生活スタイル、行動パターンや生活歴

＊

さて、皆さんが必要だと思われた情報は、どのカテゴリーが多かったでしょうか。少ないカテゴリーもあったでし

◀シート3-10

ょうか。研修会では、円の外側にいくにつれて、必要と考える情報量が減っていく傾向にあります。特に、一番外側の「支援者」についての情報は、「必要」という認識すらなかったと言われる方が、意外と多いものです。そして、それを反映するかのように、現場では、ケアマネジメント支援をするはずの包括が、担当ケアマネを飛び越えて、どんどんケアマネジメントを自らやってしまい、ふと気づけば「誰が担当ケアマネジャーなの？」ということもよくあります。

　必要と考える情報をグループですり合わせることにより、自分がこのケースにおいて、どのようなポジションで、どのような役割を果たそうとしたのかが見えてくるのです。

● 居宅の主任ケアマネジャーを巻き込む ●●●

　それでは、包括がこの後、どのように動くのかをご紹介していきましょう。

　日を改めて、包括から居宅介護支援事業所に出向き、担

3-1 ニーズキャッチとスクリーニングの方法

事前アセスメント「居宅介護支援事業所で」

 包括　　 担当CM　　 主任CM

担当CM（実践経験2年）の弁
- 小林さんは、昔、製薬会社の敏腕営業マンで、それは素敵な方だったらしいです。57歳で退職されたのですが今でも、奥さんは、ご主人のことを立てておられます。
- 認知症の進行に合わせて、デイサービスに週1回通所されていますが、なかなか回数が増やせません。
- 庭に入りこまれているご近所からは、怒りの声が上がっていて、自治会長さんに届いているし。
- 自治会長さんから、電話で「CMだろう、なんとかしろ！」と怒鳴られると、私もどうしていいのか分からなくて・・・声も出なくなってしまうのです。

シート3-11

当ケアマネジャー、居宅の主任ケアマネジャー、包括の担当者で話をしました。これは地域ケア会議の準備における**事前アセスメント**の場面です。ここで居宅の主任ケアマネジャーに加わってもらうことが、とても大事です。というのも、包括は居宅を後方支援する立場なので、いずれは居宅に任せて身を引く立場です。居宅の主任ケアマネジャーが、しっかりと担当ケアマネジャーをサポートする環境をつくっておくことが大切です。

かかわりの当初から、居宅主任ケアマネジャーと包括との連携体制をつくっておこう！

● 担当者から情報を確認する ●●●

担当ケアマネジャーからは、小林さんの生活歴、奥様との関係、介護保険サービスの利用状況、そして以前住んでいた地域の自治会長からの電話などの追加情報が出てきました。

◀シート3-11

認知症の進行に合わせ、デイサービスの通所を、週1回からもう少し増やしたいけれど、小林さんが拒否するため、なかなか回数が増やせないそうです。

また、近所の住民の怒りの声を聞いた自治会長は、電話

で「ケアマネだろう、なんとかしろ！」と、ケアマネジャーを怒鳴りつけていました。「怒鳴られると、どうしていいかわからず、声も出せなくなってしまうんです」。何とかしたいけれどできない無力感を感じているところに、地域からは「ケアマネジャーの役割を果たせていない」と追い打ちをかけられているという、担当ケアマネジャーのかなりつらい状況が見えてきました。

ここでは、担当ケアマネジャーの支援のプロセスを振り返りながら、ケアマネジャー自身の思考と感情を言語化してもらうことを大切にしています。感情については、心地よいものも、そうでないものも、ありのままに受けとめること。思考については、ケアマネジャーの振り返りに沿いながら、今ある情報に対する新しい解釈を吟味し、今後さらに必要となる情報を一緒に考えていきます。

● 妻の思いをじっくり聴く ●●●

シート3-12▶

次に向かったのは、事前アセスメントの面接です。包括が、担当ケアマネジャーに同行して、ご自宅に奥さんを訪ねました。ここでは、介護者である奥さんが、涙ぐみながら切々と思いを語ってくれました。

この奥さんの言葉から、皆さんはどのようなアセスメントを追加したでしょうか。とても素敵なご主人、そして12歳という年齢差、子どもはなし、心臓が弱い奥さんを、ご主人は大切にいたわりながら夫婦の生活を送ってきました。奥さんにとっては、結婚したころの素敵な彼が、今もそこにいるはずなのです。

認知症の方を支えるさまざまな家族の姿がありますが、このケース固有の、ご主人が認知症になったことの意味が、少し見えてきた場面です。

奥さんのなかでは、素敵なご主人が生き続けていて、まだご主人の現実の姿を受け入れられず、次の問題解決を考

ちょっとひと言

まずは、当事者の話を傾聴すること！

事前アセスメント「ご自宅で本人・妻と」

包括　担当CM　妻

妻の弁
- 主人とは、私が20歳、彼が32歳のときに社内恋愛で結婚しました。私が心臓が弱いこともあって、ずいぶん優しくしてくれました。
- 子供はできなかったのですが、私はずっと専業主婦で大切なことは、すべて夫に決めてもらっていました。
- でも、主人は、社内人事をめぐるトラブルが原因で早期退職して以降、自宅に引きこもることが多くなってしまって・・今は・・記憶がないことも多いんです。
- あんなに素敵だった人が・・・。（涙）

シート 3-12

えられるような状態ではない、と見積もることができます。このような事前アセスメントの結果、まずは奥さんを支えることでご主人を支えていく、というプランの方向性が見えてくるのです。

● 夫婦の役割交代も妻の重荷に

次は地域からの情報収集です。担当ケアマネジャーから、自治会長より民生委員の方が話しやすいと聞き、包括も同行して民生委員を訪ねることにしました。

民生委員が担当ケアマネジャーと包括に語ってくれた、「ご主人はとても社交的で、近所との交流もある人」、「奥さんは周囲とあまり付き合いがなく、専業主婦として家で過ごしていた人」という地域から得られた情報と、先ほどの奥さんの言葉が、つながりあい、重なっていきます。

素敵だった彼がこんな病気にかかってしまった、今の彼の姿をなかなか受容できない、というだけでなく、いつもしっかりと奥さんを支え、大事なことを決定してくれていたご主人の役割、問題の解決や重要な事柄の決定という、

◀シート3-13

事前アセスメント「民生委員宅で」

包括　　担当CM　　現住所民生委員

民生委員の弁
- 内弁慶な奥さんに比べて、ご主人は、とっても社交的でご近所との付き合いも、ご主人が中心だったわね。
- 奥さんは、地域の会合にも顔を出されていないから、あまりしゃべれる人もいないと思う。
- いままで、夫の決定や指示に従う形で生活されてきた方だけに、夫の病気のことも"どうしたらいいのか‥"と、戸惑われているんじゃないかしら‥‥。
- 一度、私から、声をかけてみましょうか？

シート3-13

家族のなかでの役割を担ってくれる人を、失ったことへの戸惑いも見えてきました。奥さんはご主人の障害の受容と、夫婦のなかでの役割交代という二重の葛藤を同時に抱えていたのです。

● **妻の涙の意味を理解する** ●●●

　もう1つ気になることは、奥さんは地域とのかかわりが乏しく、相談したり話を聞いてくれる近隣の友人がいないのではないかということです。子どもがいないため、子育てをつうじて獲得できるはずの地域とのネットワークもなく、地域からのサポートを受けにくいことがわかってきました。そのためにより一層、奥さんの抱える問題は生活に重くのしかかり、問題が深刻化している事情が見えてきます。

　こうして、担当ケアマネジャーがまだ見えていなかったものを一緒に見たり、さまざまな情報をつなぎ合わせたりしながら、その事例固有の背景を事前アセスメントのなかで見出していく、ここがケアマネジメント支援の真骨頂で

す。そうすると、担当ケアマネジャーは、小林さん夫婦の関係について見方が変わり、泣いてばかりだった奥さんの涙の深い意味を、生活歴や夫婦関係のなかから見出せるようになるのです。

● **事前アセスメントで得られたもの** ●●●

ここまでくると、担当ケアマネジャーは、奥さんに対する感情の手当てがしっかりとできるようになってきます。「大変でしたね」という言葉の深みが違ってきます。それによって、奥さんが深い部分で、自分の悲しみをありのままに「理解してもらえた」と感じることができたとき、そして、自分の悲しみや抱え切れないような問題について、1つひとつを語る機会が得られて、ようやく自身の抱える問題と向き合うことができるようになるのです。

もう1つ、とても重要なことは、この事前アセスメント面接をとおして、民生委員の「私から声をかけてみましょうか」という言葉が、無理なく自然に出てきたことです。

地域の主体的な役割を引き出しながら、妻に対するサポートを、ネットワークの網の目で支えていく準備、これが地域ケア会議の前段の同行訪問で行う事前アセスメント・開催準備なのです。

　この後さらに、包括と担当ケアマネジャーは、庭に入られて怒っている近隣者のところへ怒鳴られに行きます。鬱憤がたまっている人には、存分に吐き出してもらう機会が必要です。感情的な部分は、準備段階で包括と担当ケアマネジャーが、しっかりとその「怒り」に耳を傾けること、そして、大変な状況を把握し、対処方法を一緒に考えようとしていること。ここを伝えておくことが、事前準備の中で最も重要です。

　かかわっている人それぞれの感情、行動の意味、背景をつかんでいく姿勢が、キャッチしたニーズをより深くとらえることにつながります。この段階があることで、次の「根回し」がスムーズに展開していくのではないでしょうか。

ここがポイント！

今回のように「怒り」の感情をもつ地域の人たちに集まっていただく場合は、慎重な判断が求められます。地域ケア会議を開くことで、その怒りのパワーが倍増してしまうこともあるのです。1人ずつ個別で対応していくのか、テーブルを囲むのか、地域の状況とタイミングを見計らうことが大切です。

す。そうすると、担当ケアマネジャーは、小林さん夫婦の関係について見方が変わり、泣いてばかりだった奥さんの涙の深い意味を、生活歴や夫婦関係のなかから見出せるようになるのです。

● **事前アセスメントで得られたもの** ●●●

ここまでくると、担当ケアマネジャーは、奥さんに対する感情の手当てがしっかりとできるようになってきます。「大変でしたね」という言葉の深みが違ってきます。それによって、奥さんが深い部分で、自分の悲しみをありのままに「理解してもらえた」と感じることができたとき、そして、自分の悲しみや抱え切れないような問題について、1つひとつを語る機会が得られて、ようやく自身の抱える問題と向き合うことができるようになるのです。

もう1つ、とても重要なことは、この事前アセスメント面接をとおして、民生委員の「私から声をかけてみましょうか」という言葉が、無理なく自然に出てきたことです。

地域の主体的な役割を引き出しながら、妻に対するサポートを、ネットワークの網の目で支えていく準備、これが地域ケア会議の前段の同行訪問で行う事前アセスメント・開催準備なのです。

　この後さらに、包括と担当ケアマネジャーは、庭に入られて怒っている近隣者のところへ怒鳴られに行きます。鬱憤がたまっている人には、存分に吐き出してもらう機会が必要です。感情的な部分は、準備段階で包括と担当ケアマネジャーが、しっかりとその「怒り」に耳を傾けること、そして、大変な状況を把握し、対処方法を一緒に考えようとしていること。ここを伝えておくことが、事前準備の中で最も重要です。

　かかわっている人それぞれの感情、行動の意味、背景をつかんでいく姿勢が、キャッチしたニーズをより深くとらえることにつながります。この段階があることで、次の「根回し」がスムーズに展開していくのではないでしょうか。

> 今回のように「怒り」の感情をもつ地域の人たちに集まっていただく場合は、慎重な判断が求められます。地域ケア会議を開くことで、その怒りのパワーが倍増してしまうこともあるのです。1人ずつ個別で対応していくのか、テーブルを囲むのか、地域の状況とタイミングを見計らうことが大切です。

3-2 人間関係を読み解いて根回しする

● エコマップで人間関係を把握 ●●●●

　ここから、会議の開催に向けた主催者側の段取りと根回しをはじめます。これまでに、個別課題検討サイクルのニーズキャッチ、スクリーニング、事前アセスメントまで進めてきました。そして、小林さんの奥さんの涙の深い意味や、地域で支えの手を伸ばしてくれる民生委員の存在なども見えてきました。次は、この地域ケア会議の開催に向けた段取りを、会議を主催する包括と、居宅の担当ケアマネジャーで一緒に考えていきます。

◀シート3-14

　この段階でやっておきたいのは、エコマップなどで図式化し、地域の人たちの関係性を把握する作業です。

地域ケア会議の開催/関係性を見る

● この事例について
　地域ケア会議の開催にあたり、準備することや工夫することを考えることにしました。

⬇

地域の関係性を見る

シート3-14

> **ちょっとひと言**
>
> 地域のなかには、さまざまな関係性が存在します。人びとの暮らしは、そのなかでバランスをとりながら営まれています。

● 描くことで見えてくる関係性 ●●●

シート3-15▶　今回のシートには近隣者、前の住所の自治会長、民生委員、それから現住所の自治会長、民生委員、そして小林さん本人を中心に、奥さん、かかりつけ医、サービス提供者、ケアマネジャー、包括などの登場人物を配置しています。

　大切なのは、これらの登場人物の関係性に配慮することです。目に見えなくても、たしかにそこに存在するはずの関係性を、図に描いて明らかにしていきます。

　近隣者がとても怒っていることは、すでに聞いています。そして、新たに気づいたのが、前の住所と現住所それぞれの自治会長と民生委員の間にまったく連絡がないことです。ここをネットワークでつないで、見守り体制がつくれないかという視点で見ていきます。

　奥さんはどうかというと、近所からの苦情もあって、施設に入れるしかないのかと、とても悲しい思いをしています。かかりつけ医に連絡したら、そこまで小林さんの認知症状がひどくなっているのを知らなかった、ふだんの様子

地域ケア会議の開催/参加者

参集者（案）

- 現住所の自治会長・民生委員
- 元住所の自治会長・民生委員
- 近隣者・かかりつけ医・担当ケアマネ
- 居宅主任ケアマネ・デイサービス職員
- 包括・社協・行政

※本人・妻は不参加

シート3-16

は把握しきれていない、というお話でした。また、ケアマネジャーはどうしていいのかわからず困っていますが、包括としては、ケアマネジャーが一人で抱え込まなくていい、一緒に考えましょう、という声かけをしている、という状況です。

● 図の登場人物を会議の中心メンバーに ●●●

次に、関係性を見ながら参集者を決めていきます。この案では、本人と奥さんは不参加にしています。実際の朝来市の地域ケア会議でも、奥さんは「まだ怒っている地域の人に、何と言っていいのかわからない」と言われ、会議には参加されませんでした。

朝来市のポリシーとして、個別課題解決の地域ケア会議、向こう三軒両隣会議には、このケースに関係のない人は呼ばないというルールがあります。小林さんにかかわってくれている人、今はかかわっていないけれど、これから何らかの支援にかかわってもらう可能性のある人を中心に集まってもらい、会議を開いています。

◀シート3-16

地域ケア会議の開催

●もし、あなたがこの会議を運営するとしたら、どのようなことに配慮しますか？

シート
3-17

● 参集者の役割にも配慮 ●●●

シート3-17▶　ここで、皆さんも考えてみてください。もし、あなたがこの会議を運営するとしたら、どのようなことに配慮しますか。会議当日までの準備でもいいですし、当日の司会進行の工夫でも結構です。

*

研修会で出た例を、ご紹介しておきます。
・認知症についての知識が不十分なことが考えられるので、一般の方を中心に、認知症について事前にしっかり理解してもらう
・苦情は会議前に全部吐き出してもらい、近隣者が「聞く耳をもてる状態」で会議に参加できるようにする
・本人の現在の状況をかかりつけ医に伝え、会議の席では、かかりつけ医から認知症と本人の病状について説明してもらう

シート3-18▶　このように、地域での認知症の理解、かかりつけ医のかかわり、近隣者との十分な調整、これらはとても大切な準

地域ケア会議開催

● もし、あなたがこの会議を運営するとしたら、どのようなことに配慮しますか？

小林さんのケース
- 奥さんの気持ちや意向をしっかり聴いておく
  ケアマネジャーから代弁してもらう
- 奥さんに対し、どこまで個人情報を出してよいか確認しておく
- お庭に入られている近隣者の話を、愚痴も含めてしっかり聴く
- 1回の地域ケア会議で、何もかもを解決しようとしない

シート3-18

ちょっとひと言

だんどり、根回しが成功の秘けつです。

備です。また、**個人情報の扱い**について、本人もしくは奥さんと事前協議をしておくこともつけ加えました。奥さんの気持ちや意向をしっかりと聞き、どこまで個人情報を公表してよいか確認したうえで、会議当日は包括から話すのではなく、担当ケアマネジャーに、奥さんの代弁者の役割を担ってもらうのです。

● 集まって一緒に考えることが大切 ●●●

いよいよ、会議の開催です。関係者が集まり、膝をつき合わせて考える場面です。場所は公民館、自宅、かかりつけ医の診察室、あるいは包括の会議室など、臨機応変に設定します。

シート3-19の左の写真で、テーブルの上に広げてあるのは、くるくる巻いて携帯できるホワイトボードです。このような便利グッズも活用しています。

会議の進め方については、前出のマニュアルのほか、厚生労働省から事例集や動画＊も公表されています。

＊

◀シート3-19

＊事例集は p.79 側注参照。動画は、厚生労働省動画配信チャンネル(YouTube)で『地域ケア会議運営に係る実務者研修　演習用DVD　平成25年度』『「地域ケア会議」における司会者の役割について』が公開されている。

地域ケア会議の開催

みんなで集まって、頭を寄せ合い考える

様々な価値観やアイデアを出し合う中で、**人が変わる・地域が変わる**

公民館に集まって‥

地域包括に集まって‥

シート 3-19

ちょっとひと言
1つの困りごとから、さまざまなネットワークが育まれます。

ちょっとひと言
個別の地域ケア会議は、1回で終わらそうとしない！

　いろいろな自治体のお話を聞いていると、無意識のうちに、地域ケア会議を1回で終わらせようとしていることが多いのに気づきます。開催するのは大変ですが、1回、2回、3回と回を重ね、会議の目的と参集者を変えながら、個別の課題、そして地域の課題を検討し、解決していく積み重ねが大切ではないでしょうか。

　会議の場でアイデアや工夫を出し合い、解決の方法を探っていくこと自体が、ネットワークづくりになりますし、ケアマネジャーの対人援助者としての実践力の向上にもつながります。

● **地域のムードがやわらぐ** ●●●

シート3-20▶

　こうして時間をかけて準備し、個別課題について話し合った地域ケア会議をつうじて、まず、担当ケアマネジャーが近隣者としっかり向き合えたことが、大きな成果です。個別の地域ケア会議で、近隣者の不安や不満を聞くことで、解決策を一緒に考える土壌ができました。

　また、会議が進むなかで、こんな話も出てきました。「そ

個別の地域ケア会議で育んだもの

●地域ケア会議の「成果」をあげてみると・・・

近隣者と一緒に向き合えた体験

- 個別の地域ケア会議で、近隣者の不安や不満を聴くことで、次のことを一緒に考える土壌ができた。
- 3年前、この地区で同じように徘徊されていた方の話も浮上。
「他人事」ではなく「自分達の問題」になり、〝排除"一辺倒の空気に変化があった。

シート 3-20

ちょっとひと言

少しの成果でもしっかりとつかまえる！ 地域は一度には変わりません。

ういえば何年か前にも、同じような人がいたね、ほら△△さんのところのおじいちゃんも、一人で歩いてて帰れなくなったことがあったよね」。道に迷ってしまうことが小林さんだけの問題ではなく、しだいに自分たちの問題、地域の問題になってきました。

個別の地域ケア会議で育んだもの

●地域ケア会議の「成果」をあげてみると・・・

小林さんを支える具体的なアイデア

- GPS機械を試してみたらどう？
- 安全タスキや光る靴はいいでー。
- 歩かれる時間帯って、16時頃だよね。
- ご家族の了解が得られたら、警察にもパトロール等協力してもらおうよ。
- それなら、小学校の『通学見守り隊』に、見守りをお願いできないかなあ。

シート 3-21

> **個別の地域ケア会議で育んだもの**
>
> ● 地域ケア会議実施後の
>   「残された課題」をあげてみると・・・
>
> **小林さんの事例を通じた学び**
>
> ● 地域の中では、やはり、認知症という
>   病気は理解されにくいんだなあ
> ● 特に若年性の場合は、当事者も周囲や地域も
>   戸惑いが大きいし・・・
> ● 交通事故等のリスクは減らせないなあ
>   まだ、安心して外出はできない
>
> シート3-22

　そうなると、施設に入れとか、あの人がいたら困る、というような排除一辺倒の空気が、少しずつやわらいできます。近隣者の方の考えや認識が、1回の会議でそれほど大きく変わるというわけにはいきませんが、少しでも変化があれば、それは会議のすばらしい成果です。

シート3-21 　小林さんを支える具体的なアイデアも、次つぎ出てきました。この先、それらのアイデアや工夫を実践するとき、「地域の人と一緒に考えた」ことが大きな意味をもちます。

　専門的にみると疑問もあったり、突拍子もないことや、実行可能性の低いことも出てくるかもしれません。しかし、まずは関係者が自分のこととして一緒に考えるというプロセスを、大切にしたいと思います。

● 会議だけで解決できないこと ●●●

シート3-22 　一方で、残された課題もありました。まず、認知症という病気は、地域の中で理解されにくいということです。特に、小林さんの場合はまだ60代という若さで、体は元気なので、本人も周囲も戸惑いが大きく、受け入れにくいこ

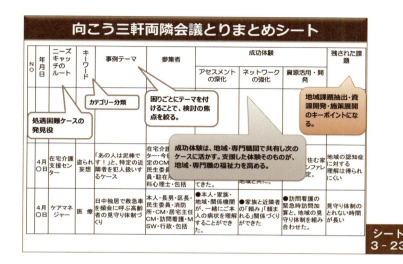

ともわかってきました。

また、交通事故などの命にかかわるリスクも、地域ケア会議を開いただけではなかなか減らせない、重要な検討課題として残りました。

朝来市では、1回1回の向こう三軒両隣会議を、シート3-23のような定型シートで集約しています*。集約の視点は以下のとおりです。

- ニーズキャッチのルートを分析すれば、地域のアンテナの高さが見えてきます。
- キーワードを集約すれば、カテゴリーごとの課題の多い少ないが明らかになります。
- テーマには、その事例固有の困難さが表現されています。
- 参集者からは、職種や機関ごとのネットワークが見えてきます。
- 成功体験は、地域の専門職種間で共有し、次のケースに活かします。
- 残された課題は、地域課題抽出の種になります。

◀シート3-23

＊Webでテンプレートをダウンロードできます。

出てきたアイデア、つくられたネットワークとともに、残された課題が明らかになることも、地域ケア会議の成果です。

3-3 小林さんの困りごとが地域の課題に変わるとき

● 個別課題を分類する ●●●

シート3-24

　朝来市地域包括支援センターでは、2013年の1年間で47件のいわゆる支援困難事例を、向こう三軒両隣会議のテーブルにのせました。小林さんの事例でご紹介したように、1つひとつのケースを丁寧にスクリーニングし、事前アセスメントをした上で、会議の場をセッティングしてきました。

　47件を分類すると、盗られ妄想のケースが9件、経済的な貧困や金銭管理などの経済的問題が12件、深刻な徘

|「地域課題検討」のサイクル|

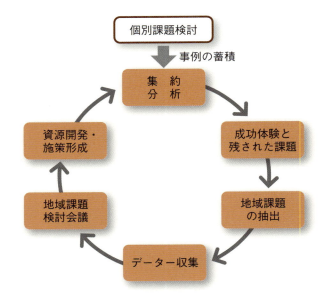

3-3 ● 小林さんの困りごとが地域の課題に変わるとき

シート3-24

徊が2件、アルコール関連問題が4件、いわゆる「ゴミ屋敷」が1件、医療が13件、援助拒否が4件、うつ自殺が1件、寝たきりで独居のケースが1件となりました。

この分類は朝来市バージョンなので、地域によって違ってくるかもしれませんが、まずは、何かのカテゴリで分けてみることが大事です。

● 地域ケア会議は質的なニーズを把握するツール ●●●

分けた後どうするかというと、こんどは括（くく）ります。括り方として、朝来市ではこのような方法を考えました。この「分けた後は括る」というのが大事です。

向こう三軒両隣会議で検討した事例をとりまとめた一覧（シート3-23、99ページ）のうち、成功体験と残された課題の部分を整理していくと、地域課題や社会資源開発につながるものが、しだいに見えてきます。

ここでは、マズローの理論を応用して整理したものをご紹介します。中央の三角の部分は、マズローの基本的欲求5段階＊を短縮し、3段階にまとめたものです。下2つは

分けることと括ること、両方大事です。

＊マズローの基本的欲求階層：下から生理的欲求、安心・安全の欲求、愛情と所属の欲求、承認の欲求、自己実現の欲求

◀シート3-25

101

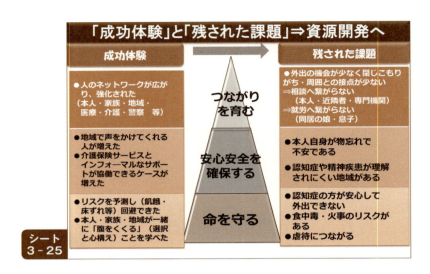

生命レベルの欲求、一番上が社会レベルの欲求です。底辺のニーズには命にかかわること、生理的欲求、生命レベルの欲求をもってきました。包括、そして対人援助の専門家として最も大事なのは、「利用者の生命を守る」ことと考えたからです。

その次に、「安心安全を確保する」という欲求をもってきました。そして上段には、「つながりを育んでいきたい」という心理、社会的欲求を置いています。

左側のボックスには、地域ケア会議をとおして包括が獲得した、地域のこやしになる成功体験を、3段階の欲求に対応させました。同じように、右側のボックスに整理した、残された課題の部分が、地域課題を抽出する材料になっていきます。

このまとめ方については、国から特に示されていないので、わかりやすく説明しやすい方法を、今後さらに工夫したいところです。

3-3 小林さんの困りごとが地域の課題に変わるとき

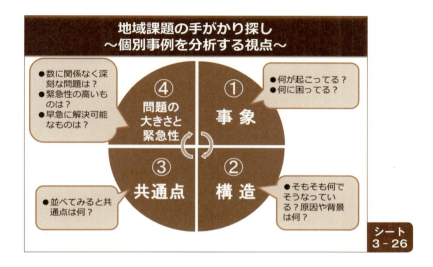

シート3-26

● **地域課題の種を抽出するためのステップ** ●●●

1事例ごとの「残された課題」から「地域課題の種」を抽出するときに、思考のヒントにしているのがこの図です。

◀シート3-26

①事象

まずは、何が起こっているのか、そして利用者や周囲は何に困っているのかを見ていきます。表面的には、一人ひとりまったく違い、多分野に渡るさまざまな困りごとや課題が見えてくると思います。このままでは、地域課題は見えてきません。

②構造

大切なことは、その困りごとの構造を見ることです。「そもそも、何でそうなっているのだろう？」「原因や背景は何だろう？」。

たとえば、ゴミ屋敷や盗られ妄想、徘徊ケースの根っこには、認知症という疾患があります。在宅生活が継続できなくなる要因としては、「認知症に対する地域の理解」が得られないという状況があったり、介護できる家族がいな

103

いといったような「家族機能の低下」という課題があげられます。

③共通点

困りごとの構造をつくる根っこの部分を明らかにしたら、次はその共通点をさぐります。支援が難しいとされたケースを並べてみると、共通する項目がいくつかあるはずです。上にあげた「認知症の理解」「家族機能の低下」などは、地域のあちらこちらで、この根っこに端を発する問題が繰り返されているのではないでしょうか。これらはすでに、地域課題の種なのです。

④問題の大きさと緊急性

最後に、地域課題の種に優先順位をつける作業が必要となります。数ある「種」のうち「数に関係なく深刻な問題はどれか」「緊急性の高いものはどれか」、そして「早急に解決可能なものはどれか」という視点で優先順位をつけていきます。

優先順位の高いものから、「地域課題の種」を「地域課題」と確定づけるためのデータ収集に取り掛かります。

● 量的なニーズで地域診断 ●●●

シート3-27▶

2013（平成25）年度の向こう三件両隣会議では、小林さんのように本人が認知症を有する事例が11ケース、さらに、家族が認知症を有する事例が8ケースありました。

それでは、認知症と徘徊に関する量的なニーズはどうでしょうか。朝来市は現在、要介護認定者数がおよそ2,200人ですが、そのうち、医師の意見書で認知症高齢者の日常生活自立度がⅡランク以上の方が1,200人、さらに、そのなかで障害高齢者の日常生活自立度がJランク以上の方は600人いることがわかりました。つまり、この600人については、徘徊のリスクが高いわけです。

また、市内ケアマネジャーのアンケートによると、担当

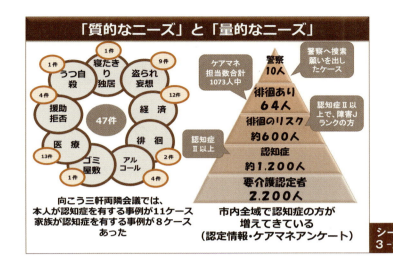

シート3-27

している1,073人のうち、実際に徘徊をしている方は64人、そのうち10人は、警察に捜索願が出されたことがあるという、驚くべき数字があがってきました。

こうして、質的なニーズと量的なニーズが揃うと、地域診断として、認知症高齢者の徘徊は、朝来市にとって緊急の課題だと認識されます。こうして、認知症高齢者の徘徊の問題は、個別課題から地域課題になり、介護保険事業計画・政策形成・社会資源の開発というマクロのレベルへと発展していくのです。

その後、朝来市であれば地域包括ケアシステム推進委員会のテーブルに、小林さんのケースとそれに付随する量的なデータをのせ、そこから脳耕会にオーダーが出されて、政策提言のための具体的な検討を進める流れになります。

こうして小林さんのケースが、個別課題検討のサイクル、地域課題検討のサイクルを経て、政策形成につながっていく流れができました。その成果として脳耕会では、認知症という病気を広く知ってもらうためのケーブルテレビの番組を制作し、また、市内の民間企業と「見守り協定」を結

◀シート3-28

ぶという資源開発も行いました。

● 地域ケア会議をケアマネジャーの武器に ●●●

　このように認知症施策が実行されれば、第二の小林さん、第三の小林さんを支える地域の社会資源になっていきます。このミクロとマクロの相互関連、行ったり来たりが大事なところです。今までは、ここが分断されていたために、せっかくの個別事例の検討（ミクロ）が、政策形成（マクロ）に反映されることは、ほとんどありませんでした。そのため、つくられた貴重なマクロが、ミクロを支える有効な手立てとならない場合もありました。

　ですから専門職、特にケアマネジャーが手腕や力量を磨き、地域ケア会議という手法を最大限に活用すること、そしてケアプランを通じた個別支援を政策に結びつけ、それを地域の高齢者を支える資源や仕組みにしていくことがとても重要なのです。

3-3 ● 小林さんの困りごとが地域の課題に変わるとき

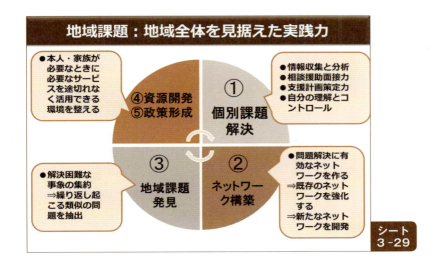

● 地域課題解決のサイクルをまわす ●●●

　地域課題と向き合うための実践力を、朝来市では4つに分けて考えています。　　　　　　　　　　　　　◀ シート3-29

　スタートは、個別の課題にしっかりと向き合うことです。そして、担当のケアマネジャーをチームで支え、個人が抱える固有の問題を解決するためのネットワークを、皆の力で構築します。このネットワークは、次のケースにも必ず役立ちます。

　この地域で、また認知症高齢者の徘徊や、盗られ妄想の問題が出てくるかもしれないし、アルコール関連の問題が深刻化するかもしれません。そうしたとき、小林さんの課題を解決するために、皆で頭を寄せ合って考えた体験は、必ず地域の力になります。

● 困りごとは地域の宝 ●●●

　個人課題の解決、ネットワーク構築をとおして、地域課題を発見し、政策形成に結びつけていくこと、これらは地

107

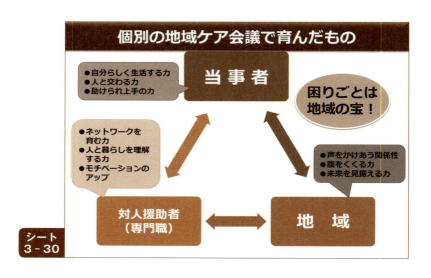

域ケア会議の5つの機能でもあり、地域課題を解決するために、対人援助の専門職が心得ておくべき4つのカテゴリーでもあります。

シート3-30▶　当事者、地域、対人援助者、それぞれの立場でお互いを理解すること。支えたり支えられたりする体験が、役割を交代しながら地域のなかで繰り返し育まれること。できれば「支えられるばかり」の要援護者をつくりたくない…、そんな風に思います。変な言い方ですが、皆が困れば困るだけ、その課題に向き合いながらネットワークが強化できる、そのように考えれば、困りごとは「地域の宝」です。1つひとつを大切にし、きちんと向き合うことで、地域の力が確実に養われていきます。

「地域包括ケア」というと難しく聞こえますが、結局は人と人とのつながりづくりです。利用者が抱えている困りごとが、そのつながりをつくってくれるのです。

課題解決過程は、≪支援者支援≫の過程と重なって

谷　義幸
（兵庫県介護支援専門員協会
気づきの事例検討会推進運営委員会委員長）

◆援助関係とパラレルプロセス

　スーパービジョンや事例検討会のなかで、利用者とスーパーバイジー（事例提出者）の間で起こっている関係性が、スーパーバイジー（事例提出者）とスーパーバイザー（事例検討者）の間に、知らず知らずのうちに持ち込まれ、似たような関係構造が現れる、といった体感をすることがあります。スーパービジョンでは、パラレルプロセス（併行過程）として、その意味を探り、スーパーバイジーと利用者の援助関係や支援過程での困難さを理解する手がかりとなります。逆に、スーパービジョンのなかでのスーパーバイジーの体験が、利用者とのかかわり方に反映される面もあります。
　そして、見えにくいこの関係性が、実は、ケアマネジメント支援の展開過程においても、重要な要素となります。

◆解決に向けた思考プロセスに寄り添う

　対人援助の現場では、利用者の暮らしや人生におけるさまざまな困難に直面することになります。支援する側も、その深刻な状況に悩み、時には無力感を抱きながら、それでも、課題解決に向けて試行錯誤を続けます。ケアマネジメント支援では、単に問題への対応策を示すだけでなく、その試行錯誤の過程を支えることが必要です。支援困難事例に関わるケアマネジャーが、利用者の状況とともに、自らの支援を振り返ることをサポートするのです。
　事例提出者が、自分の実践を思い起こし、自分の言葉で語り、考えをめぐらせるなかで、新たなとらえ方や気づきが生まれま

す。事例や実践に対する自分なりの意味づけができ、見通しが持てれば、"踏んばる力"も出てきます。事例を検討するメンバーは、その事例提出者の"思考プロセス"に寄り添います。誰かの分析や解説ではなく、質問を重ねて、一緒に事例の見方を深めていきます。このような支持的で真剣な検討により、事例提出者が「自分が大切にされた」と感じる体験は、自身の姿勢、態度、かかわり方など、さまざまな形で、その後の利用者への支援に活かされていくのです。

◆振り返りが成長の糧に

　振り返りを経ずに、第三者的に意見や対処法が示されても、結局、課題解決は支援者個人（事例提出者）の遂行へと返されます。一方、安心できる支持的な環境のもとで、自らの実践の振り返りを通して得られた気づきや学びは、"腑に落ちて"自分の力になっていきます。そしてまた、事例を検討するメンバーにとっても、事例への理解を深めながら、支持的な態度で質問によってかかわることは、決して容易ではなく、自分の実践力が試されます。他者の成長を支援する経験が、自分をみがくことにもつながります。

　こうして、『支え、支えられる関係』をベースにした事例検討により、方法論の教示だけではカバーできない対人援助の難しさや悩みを、専門職の成長の糧へと変えていけます。利用者支援と支援者支援が、らせんのように同時並行で展開する取り組みが求められるのです。一見すると、時間がかかり、回り道をしているようでも、支援者支援をしっかりと意識した事例検討（地域ケア会議）の場を重ねることによって、現場の人たちを支え、力づけ、地域全体の課題解決の力を醸成させていくのでしょう。

＊参考：浅野正嗣編『ソーシャルワーク・スーパービジョン実践入門—職場外スーパービジョンの取り組みから—』（みらい・2011年刊）

4章

よい支援を受けた者は、よい支援ができる

～モデル会議：ケアマネジメント支援会議～

地域ケア会議の成功への道筋に、「ケアマネジメント支援」は欠かせません。朝来市の取り組みの原動力ともいえます。本章では、全国から注目される朝来市ケアマネジメント支援会議の概要をご紹介します。その根底にあるスピリッツを、ぜひ感じとってください。

4-1 会議の取り組みに至る経緯

● ケアマネジメント支援のニーズ ●●●

シート4-1▶

　朝来市は人口約3万2,000人、高齢化率は31％、要介護認定者は2,200人に上ります（平成26年10月現在）。これに対し、包括は直営と委託が1カ所ずつ、居宅は10カ所、主任ケアマネジャー13名とケアマネジャー19名という、こぢんまりした、まとまりのよい地域です。

　1章でも述べましたが、近年、介護保険や医療保険だけで支えきれない高齢者が増え、ケアマネジャーの悩みは深まる一方です。朝来市の包括にも、2006（平成18）年の

シート4-2, 4-3▶

開設当初以来、居宅のケアマネジャーから多くの相談が寄せられています。

　ご存じのように、ケアマネジメント支援、すなわちケアマネジャーの相談にのり、その実践力の向上に寄与するの

兵庫県朝来市の概況

- 朝来市の人口　約32,000人
- 高齢化率　31％
- 要介護認定者　約2,200人
- 居宅介護支援事業所　10か所
  ・ケアマネジャー　19名
  ・主任ケアマネジャー　13名
- 地域包括支援センター
  ①直営1か所⇒保健師3人
  　　　　　　社会福祉士1人
  　　　　　　主任CM2人
  ②委託1か所⇒主任CM1人
  　　　　　　社会福祉士1人

（平成26年10月1日現在）

2012/10　医療・福祉フォーラム

シート 4-1

ケアマネジャーの困りごと

平成18年度　市内ケアマネジャーから
　　　　地域包括への相談件数　153件／年

↓

● 制度改正
● 処遇困難ケースの増加
しかし
● 小規模な事業所が多い
● 主任ケアマネも、部下や後輩への関わり方が分からない

↓

シート 4-2

は、主任ケアマネジャーの役割です。でも、一人の主任ケアマネジャーが、地域や事業所のなかでその役割を担うのは大きな負担になります。また、「一人ケアマネ」や主任ケアマネがいない事業所をどうフォローしていくか、という問題もあります。

↓

困っているケアマネジャーが大勢いる

↓

11日間の主任介護支援専門員養成研修だけでは、不十分。

↓

包括と居宅が協力しあって、『ケアマネ支援ができる人』を育てていく・広げていくことが大切。

シート 4-3

シート4-4

ちょっとひと言

包括だけでケアマネ支援をしようとしないこと！

包括も、少ない人員でたくさんの業務を抱えています。介護予防ケアプランの作成、認知症サポーター養成講座や介護予防教室の開催、虐待ケースへの対応、地域住民からの総合相談の窓口対応、そして居宅ケアマネジャーの支援、という具合です。また、支援される側であるはずの居宅ケアマネジャーの方が、支援する立場の包括の主任ケアマネジャーより経験豊富で実力も上ということも、現実にはしばしば起こります。

● 朝来市のケアマネジャー養成の取り組み ●●●

シート4-4▶

そこで朝来市では、包括と居宅の主任ケアマネが連携・協働しながら、地域のケアマネジャーを支え、育てる取り組みを企画・実践してきました。2007（平成19）年からは、主任ケアマネジャーが中心となって「気づきの事例検討会」*、その後、ファシリテーター体験、スーパーバイザー養成事業、そして2011（平成23）年からは、カンファレンス方式ケアプランチェックの取り組みを継続して行ってきました。

＊ 33ページのコラムと側注参照。

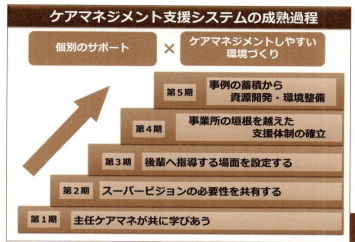

◀シート4-5

　これら一連の取り組みを振り返ると、朝来市のケアマネジメント支援の成熟過程は、第1〜5期に分類されます。
　第1期は、主任ケアマネが共に学びあうことがテーマでした。第2期は、地域のケアマネ全体で、スーパービジョンの必要性を共有すること。そして第3期は、主任ケアマネジャーが後輩たちへ指導する場面を、意図的に設定すること。第4期は、事業所の垣根を越えた地域全体のケアマネジメント支援体制の確立。第5期になって、ようやく事例の蓄積から資源開発・環境整備になります。
　つまり、地域ケア会議は、朝来市でいうと第5期の取り組みなのです。去年、今年にできたものではなく、この取り組みは、2007年からずっと継続してきた歩みの上に成り立っています。

＊

　それでは、これら朝来市のケアマネジメント支援の成熟過程において、そのベースとなった「事例検討会」のあり方について考えてみたいと思います。朝来市ではケアマネジメント支援の腕を磨くときも、ケアマネジメント支援を

> ## ある事例検討会のエピソード
>
> 　今日の事例検討会の事例提供者は、対人援助職について５年目のAさんです。Aさんの隣には、今日の事例検討会の司会進行役をする経験年数２０年のBさんが座っていました。事例検討会の会場に来ているのは、経験年数も仕事先も、バラバラの人々でした。
>
> シート 4-6
>
> 基礎から学ぶ気づきの事例検討会／渡部律子著

シート▶
4-6, 4-7, 4-8

＊渡部律子『基礎から学ぶ気づきの事例検討会：スーパーバイザーがいなくても実践力は高められる』(中央法規出版・2007年12月刊)

行うときも、事例検討会がその土台となっています。
　ここで、事例検討会のエピソード１つご紹介します＊。皆さんはどのような感想をもたれるでしょうか。周囲の方とも意見交換してみてください。実は今、このエピソードと同様の地域ケア会議があちこちで開かれているのです。

● ケアマネジャーを支えるということ ●●●

　まず前半部分(シート4-6)ですが、ここだけでも、事例提供者にとっては、ちょっとひるむような場面が思い浮かびます。もし自分がそこに座っていたら、検討会のはじまりをどのような気持ちで迎えるか、想像してみてください。
　そして後半(シート4-7)、司会進行役のBさんから、次々と指摘が出てくる場面、もちろんBさんに悪意はありません。Aさんはまだ新人だし、わかっていないところ、できてないところもあるから、先輩として、進行役として教えてあげようという善意からの行為です。
　しかし、その結果Aさんが、うつむいたまま何も言えず、おじけづいてしまっているとすれば、それはよい検討会と

> **ある事例検討会のエピソード**
>
> 　Aさんの事例説明が終わると同時に、司会進行役のBさんは、「本当に初歩的なミスをいっぱいしているわね。こんな仕事をしていて恥ずかしいと思いませんか。」とみんなの前で、問題点だと考えられる点を次々に指摘し始めました。
>
> 　Aさんは、何もいうことができず、ただうつむいて、Bさんの指摘を受けるだけでした。会場に来ている人々は、自分たちの目の前で起こっていることを見聞きし、おじけづいているようでした。
>
> 　　　　　　　　　　　　　　基礎から学ぶ気づきの事例検討会／渡部律子著

シート 4-7

はいえません。

　問題点は大きく2つあります。まず1つ目は、あれやこれやと"一方的に受けた指摘"が、本当に利用者への支援に役立つのだろうか？　ということです。経験年数20年のBさんにしてみれば、Aさんの事例説明を聞いただけで、不備な点やまずい点が感じられたのでしょう。Bさんの実践経験から獲得された、一種の"カン"のようなものもあるかもしれません。

　しかし、今Aさんの目の前にいる利用者は、Bさんが過去に出会ってきた多くの利用者とは別の方です。一見、同じような困りごとに見えても、その問題を形づくる背景も、その問題に対する考えや感情も、あるいは、周囲のサポート力も、まったく違うのです。15〜20分の事例説明を聞いて、それらのすべてを察知することは不可能でしょう。

　つまり、事例提供者への質問をつうじた丁寧な情報収集と、それらを統合していくアセスメントのプロセスを経ないままの指摘やアドバイスは、その利用者固有の問題を解決する有効な手立てにはなり得ないのです。

ある事例検討会のエピソードを通じて

●あなたはどんなことを感じられましたか・・・

→ グループワーク

シート
4-8

● 思考こそが応用を可能にする ●●●

　そして、もう1つ重要なことは、もしも、司会者のBさんから受けたアドバイスをAさんがそのまま実行し、"たまたま"その支援がうまくいったとしても、それがケアマネジャーとしての実践力向上につながるだろうか、ということです。たしかに、今回の利用者への支援には、効果があったかもしれません。しかし、それとまったく同じ支援を次の利用者に行っても、うまくはいかないのです。

　ケアマネジャーの仕事には、こうしたら絶対うまくいくというマニュアルや王道はありません。ケアマネジャーの実践力は、常に「応用」の繰り返しなのです。一人ひとりの利用者の生活歴、価値観…、そういったその人固有の暮らしに働きかけるときに、他の人とまったく同じ方法や、マニュアルどおりのやり方は通用しません。

　大切なのは、その「応用」を導き出す前提となる「思考」です。目の前の利用者ならではの問題とその背景をしっかりと見つめ、思考すること。この部分が、ケアマネジャー

ちょっとひと言

ケアマネジャーの実践は、応用の連続！

ちょっとひと言

応用の前提となるのが思考です。

の実践力のカギになると考えています。

　ですから、朝来市があえて、向こう三軒両隣会議とは別にケアマネジメント支援会議を設置したのは、上っ面だけではない、本物のケアマネジメント支援の中で、しっかりと思考できるケアマネジャーを育んでいきたいと思ったからなのです。

● **スーパービジョンの技量を磨く** ●●●

　朝来市では、先ほど紹介したケアマネジメント支援の第Ⅰ期から「気づきの事例検討会」を中核に据え、長く取り組んできました。「気づきの事例検討会」の大きな特徴は、事例検討会にスーパービジョンの要素を含ませていることです。ですから、主任ケアマネジャーが、スーパービジョンの腕を磨くにも、そして、地域の中で、部下や後輩にピアグループスーパービジョンを施すにも、大変有効な手立てなのです。

　そして、その効果を最大限に得るために、朝来市では、「気づきの事例検討会」を実施する前段として、基礎学習をしっかり行います。アセスメントの枠組みや質問のつくり方、そして何よりも対人援助の価値を共有することができなければ、事例検討会にスーパービジョンの要素を含ませることができないからです。

　固定グループで、3年を1クールとして継続的に実施していますが、1年目は先述のような基礎学習、2年目はルールと枠組みの習得と質問づくりのトレーニング、3年目になってようやく実際の事例で事例検討会を行うというカリキュラムです。2007（平成19）年にスタートし、現在3クール目ですが、Ⅰ・Ⅱ期生がⅢ期生の指導にあたるという、地域に根づいた事例検討会として定着してきています。

Column

「気づきの事例検討会」をつうじて育まれるもの

「気づきの事例検討会」に出会って10年。私は、アセスメントや面接技法のみならず、対人援助の根幹にかかわる大切なことを、この事例検討会で学んできました。

でも、友人から「気づきの事例検討会」に誘われた当初、実はずっと断りつづけていました。勉強することも、土日がつぶれることも、とてもイヤだったからです。結局は、ジャンケンで負けて、無理やり割り当てられた「気づきの事例検討会推進員」という役職が、勉強をはじめるきっかけになりました。

◆学びが実践を変えていく

「気づきの事例検討会」では、アセスメントの力、人にかかわる力、グループをつくり動かす力、ネットワークで支えあう力、勉強会や検討会を企画し運営する力、自分自身を知る力を、仲間と一緒に育んでいくことができました。特に、「アセスメントの力」や「人にかかわる面接力」がつくことで、「目の前の状況をつなぎあわせながら、ニーズを理解していくこと」や「利用者さん自身が、自分の抱える問題と向き合う場面を意識してつくること」など、自分自身の実践に、変化を感じるようになりました。

「気づきの事例検討会」をつうじて仲間と一緒に学ぶことで、対人援助に必要な実践力を育むことができます。

そして、自分の実践が変わることで、利用者さんの表情も違ってくることに気づいたのです。しだいに利用者さんの前に立つことが楽しくなり、その上、本を読むようになり、さらに、主任ケアマネジャーになってからは、積極的に他のケアマネジャーさんたちの悩みを聞くようにもなりました。

◆地域の主任ケアマネジャーが協働

でも、実践のなかでケアマネジャーが抱えるさまざまな課題、そこで感じる不安や焦燥感といった感情を、主任ケアマネジャーひとりで受け止めるには無理があります。また、「さまざまな

ものの見方」「アセスメントや面接の技法」を伝えることにも、限界を感じました。そこで、主任ケアマネジャーが集まって相談し、一人ひとりのケアマネジャーを育て、支えるために、地域で「気づきの事例検討会」を立ち上げることにしました。

事例検討を重ねる中では、「あなたのところの○○さん（後輩ケアマネジャー）、すごく頑張ってるよね」「そう？」「あなたの事業所の○○さん（後輩ケアマネジャー）の質問も、変わってきたよね」「そうなのよ。ありがとう」。一人ひとりのケアマネジャーが変化し、成長していくプロセスを目の当たりにすることができました。

そして、そのときはじめて、事例検討会に「スーパービジョンの要素」を含ませる意味と価値が理解できたように思います。

＊

あんなに勉強嫌いだった私が、「気づきの事例検討会」を通じてさまざまなことを学び、思いもよらない"新しい自分"を発見し…。次は、その"自分"を使って企画した「気づきの事例検討会」で、癒され、学びを深め、元気になっていくケアマネジャーをたくさん見ることができました。

このように、私にとって「気づきの事例検討会」は、自分自身の成長の糧であると同時に、仲間であるケアマネジャーを、"しっかり・大切に・育てる"ことのできる、かけがえのない場です。今後は仲間とともに、この「気づきの事例検討会」を、現場で悩みながら実践している多くのケアマネジャーに伝えていきたいと思います。

ちょっとひと言

「気づきの事例検討会」を続けることで、利用者支援から、仲間とともに成長する支援者支援へと、立ち位置や視点が転換されます。

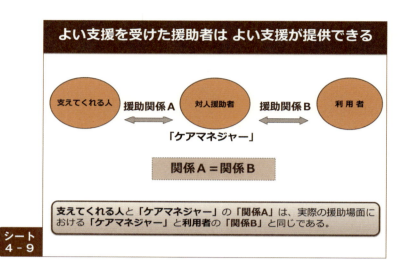

シート
4-9

● よい支援を受けた者は、よい支援ができる ●●●

　定められた11日間の研修を受け、主任介護支援専門員になっても、地域や事業所に戻って何をすればよいか、部下や後輩のケアマネジャーにどのように接すればよいかわからない、という声をよく耳にします。結局、介護報酬の特定事業所加算をとるためだけの「主任」にとどまり、業務内容はふつうのケアマネジャーとほとんど変わらない、という例も少なくありません。

　主任ケアマネジャーがケアマネジメント支援を実践しようとするとき、最初に感じる困難さの原因は、自分が先輩ケアマネジャーにサポートされた経験がなく、支援の仕組みも地域になかった、ということです。私は一人でここまで頑張ってやってきた、足で情報を集め、教えてくれる人を探して相談してきた、なので、知らず知らず後輩たちにも、自分を同じことを求めてしまいがちです。

シート4-9▶　この意識を、変えなければなりません。ここで頭に刻んでおきたいのが、パラレルプロセスです。支えてくれる主

任ケアマネジャーと、対人援助者であるケアマネジャーの関係をA、そのケアマネジャーと担当する利用者との関係Bとした場合、AとBの間に同じような関係性が生じる、このような関係の形成過程をパラレルプロセスといいます。それはすなわち、主任ケアマネジャーにしっかりと話を聞いてもらえたケアマネジャーは、同じように利用者の話を聴けるようになる。反対に、頭ごなしの指摘を受け続けているケアマネジャーは、利用者にも同じようなかかわり方をしてしまう、ということです。

　つまり、よい支援を受けた経験をたっぷりともつ援助者は、自分もよい支援が提供できるのです。支えられた体験をしっかりともっているケアマネジャーが、利用者をしっかりと支援することができるのです。

　朝来市のケアマネジメント支援会議は、事例提供者であるケアマネジャーが、主任ケアマネジャーから「たっぷりと」「ふんだんに」「よい支援」を受けてもらうための場づくりなのです。

よい支援を受けた支援者は、よい支援ができる
〜 私の実感 〜

高品 小百合（さかもと医院居宅介護支援事業所・ケアマネジャー）

　私のケアマネジメントや日頃の行動に対して、「ああしなさい」「こうしなさい」と指示をしてくる上司はいません。私がすることを見守ってくれています。そのおかげで、私は安心して前に進めるし、「どうしようかな」と立ち止まると手が差し伸べられます。あれこれ口出しされないことで、自分が承認されている、自分の価値観が受け入れられているという自信になるし、迷ったときや困ったときにはサポートしてもらえる安心感もある…、そういう「さじ加減」ができる距離感、安心できる環境が、私のケアマネジャーとしての成長を促してくれたように思います。

＊

　ケアマネジャーになりたての頃を振り返ると、「利用者主体」を言葉では理解しているつもりでも、実際は、自分の価値観に利用者さんを当てはめて、優しさというおせっかいを押し売りしていた私…。

　そして、あれから数年。十分に実践できているかはさておき、利用者との接し方、考え方は、たしかに変わってきました。

　まず、価値観。初めの頃は、自分の考え方と違う＝それは間違っている、軌道修正しなきゃ！　と思うところがありました。でも、今は「あなたはそう考えるのね、それも考え方としてはあるよね。でも、危ないよね」というように、自分と違う価値観をそのまま受け止められるようになってきた気がします。

　そして、距離感。いつでも、何でも手助けができるよう、私がそばにいないと！　と意気込んでいた時期もありましたが、今は、近すぎず遠すぎず、程よい距離で見守ることの大切さを感じています。私が何かをするのではなくて、利用者本人が自

4-1 ● 会議の取り組みに至る経緯

Oさんの家族	頑固一徹なOさん	ケアマネジャーの私

人の言うこと聞かないのよねー（困っている）	・女は男の言うことを聞くべき ・偉い人の言うことは聞いてもよい ・嫌なことは避けて通る	なかなか手ごわそうな人！　目も合わせてくれないし…。でも、サービスの導入は必要。

以前なら…	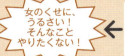　←	必要なサービスを組み入れたケアプランを立て、何とかOさんを説得しようと、くり返し話をする
今は…	女だけど、ごちゃごちゃ言わないから話を聞いてやるか。　←	Oさんの希望を聞き、必要なことだけを、Oさんが理解できるよう説明する（距離感は遠く）
	なんでそんなことまで知ってるんだ？（まんざらでもない）　←	事業所との連携でOさんの情報を集め、本人に返す（間接的に距離感を縮める）
	そういえば、何だか前より楽に生活ができているなぁ。　←	危険だけは取り除いて、自己決定に任せる（近づきすぎない距離感を保つ）

由に動ける範囲を広げていく。何かを決めるときも、その人の考え方が活かせるような距離を保つ。まさに自己決定、「自分の人生だもの、自分で決めなきゃ本気になれないでしょ」。

*

　こうした変化は、たくさんの利用者に出会ってきた経験、そして日々の仕事の中で見聞きすることの中から得たことです。口では「もう！」と言いながら、決して自分の考え方を押しつけず、利用者の思いを何とか成就させようと働きかける姿勢を保ちつつ、危険は事前にしっかり予測しておく。これが、専門職として「寄り添う」ということかもしれません。

　私たちは、鵜飼の鵜のようにすべてをコントロールされているわけではなく、放牧中の牛（豚ではありません!?）のように、エサを食べたい時に食べ、そのエサも自分の好みのものを選び、行きたいところに行き、淋しくなったら帰る場所もある、そんな自由な環境にあります。でも、いつも誰かが見守っていてくれるから、やれることをやってみようという気持ちになれるのです。放牧する側は、その場所が安全であるか、選ぶものは何かなどを予測し、しっかり観察して傾向を知ることで、さらによい距離感が生まれるのかもしれません。

*

　口やかましく言うことがよい支援でもなければ、何も言わないのがよい支援でもない。必要なところで必要な支援ができることが大切なのでしょう。そこに気づけたのも、意識が変化したのも、私の上司が私に対し、価値観と距離感を大切にしながら支援してくれたからだろうと実感しています。

4-2 会議の枠組みとルールづくり

● ケアマネジメント支援会議の概要 ●●●

◀シート4-10

ケアマネジメント支援会議は、朝来市独自の地域ケア会議です。会議の目的として、①一人ひとりのケアマネジャーが、自立支援に資するマネジメントを利用者に提供できること、そして、②ケアマネジャー自身の個別ニーズから、ケアマネジメントの課題、地域全体の課題を抽出して資源開発につないでいく、という2つを掲げています。

会議をどのように開催するかという枠組みをきちんと決めておくことは、とても大切です。事例の選定は、ケアマネジャーがケアプラン作成や支援に困難を感じている事例とし、1回の会議で1事例を70分程度で行います。

ケアマネジメント支援会議の概要

●事例検討を通じて・・・

《目的》
① 一人ひとりのCMが、自立支援に資するケアマネジメントを利用者に提供できる
② CM自身の個別ニーズから、ケアマネジメントの課題を抽出し、資源開発につなげる

《枠組み》
①頻　　度：包括主催月1回　居宅主催月1〜2回
②事例選定：CMがケアプラン作成や
　　　　　　支援に困難を感じている事例
③事例検討：1事例70〜90分程度

シート
4-10

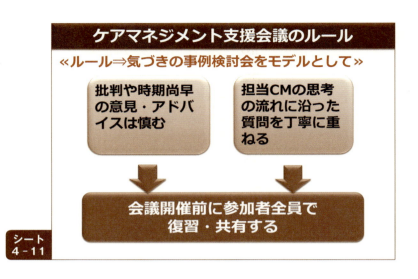

● 批判・意見ではなく「質問」を投げかける ●●●

シート4-11▶　朝来市のケアマネジメント支援会議では、多少時間はかかっても、事例提供者であるケアマネジャーが自ら考え、気づくプロセスを大切にします。

そのために、事例検討者として会議に参加している主任ケアマネジャーの面々は、ミスや不備を指摘するのではなく、事例提供者を支持し、質問を重ねることによって、事例提供者自らが支援のプロセスを振り返り、深く思考する場面をサポートします。実は、この「質問」ができるようになるには訓練が必要で、むしろミスを指摘する方が簡単なのです。主任ケアマネジャーのスーパーバイザーとしての力量が問われる場面です。

シート4-12▶　朝来市では、これ（シート4-12）をケアマネジメント支援会議のルールとして掲げ、必ず会議の冒頭に復唱して、参加者全員で共有しています。

気づきの事例検討会のルール

- 時期尚早の助言・アドバイスはしない。
- 非難・批判をしない。
- 自分の考える解決法や推測がより現実に即していたとしても、それを事例提供者に押し付けない。
- 情報が足りない部分は、検討者からの"質問"によって事例提供者へ問いかけていく。
- "質問"によって、利用者と利用者が抱える問題、事例提供者のひっかかりなどが、事例提供者自身の言葉で語られるプロセスを大切にする。
- 事例提供者に対して、クライアントとの面接と『同様の配慮』をする。

シート 4-12

● 会議の枠組みを整える ●●●

　また、ケアマネジメント支援会議の運営に欠かせないのが、会議の枠組みです。朝来市では、「気づきの事例検討会」と「野中方式」*を参考に、事例紹介→質問（アセスメント）→見立て→手立てという流れをつくりました。この流れを、決められた時間内にうまく展開していくためには、司会者（進行役）に高いファシリテーションの力が求められます。

　そして、アセスメントを深めるためのツールとして、ICFモデル、ブラッドショーの3つのニーズ、マズローの基本欲求、ジェネラリストモデル（統合的アセスメントの枠組み）について、会議の最初に皆で復習します**。これらの理論をベースに情報を整理することで、参加者同士の話がかみ合わない状況を防ぐこともできますし、限られた時間のなかで、利用者と利用者のおかれた状況について、さらに一歩踏み込んだ理解を助けてくれます。

◀シート4-13

*野中猛・上原久『ケア会議で学ぶケアマネジメントの本質』（中央法規出版・2013年6月刊）。

**これらの理論の紹介と活用については『ケアマネジャー』vol.16-no.4（中央法規出版・2014年刊）に詳しく掲載。

ケアマネジメント支援会議の枠組み

《枠組み⇒気づきの事例検討会と野中方式を参考に》

NO	項目	NO	項目
1	事例紹介	6	事例提供者が「手立て」を選定
2	アセスメント質問	7	検討者からの感想・気づき
3	検討者からの「見立て」の提案	8	事例提供者からの感想・気づき
4	事例提供者からの意見・感想	番外	ケアプラン修正 主任CMのチェックを受ける
5	「手立て」の提案		

シート4-13

● **ケアマネジメント支援会議の肝** ●●●

　ケアマネジメント支援会議で最も大切なのは、サポーティブであることです。うなずきや励ましの言葉が、自然にたっぷりとかけられる支持的な雰囲気だからこそ、事例提供者のケアマネジャーがオープンな気持ちになり、アセスメントやケアプランの見直しも素直に受け入れることができるのです。

　そして承認すること、「このかかわりが、利用者さんの笑顔を引き出しましたね」「このときの利用者さんの言葉を、その後もずっと大切にされていますね」など、よいところや強みを見つけ出し、根拠をもって言葉にし、事例提供者をエンパワメントします。

シート4-14▶

　会議に事例提供することになり、前夜は不安で眠れなかった新人ケアマネジャー Y さんが、会議を終え、「教えてもらってよかった、もっと勉強したい」と感想を述べてくれたことは、この会議に参加した私たち主任ケアマネジャーにとって、涙が出るほどうれしく、これがまさに、ケア

> **ケアマネジメント支援会議を終えて**
>
> 「昨夜は眠れませんでした・・・」と、緊張で声を震わせながら事例提供してくれた、新人CMのYさん。
> 『私は、今回の事例提供にあたり、毎日不安でした。何を言われるのだろうって思って。いざ事例発表へ。司会者からの言葉に救われ、素直な自分の言葉で学習できました。すごい楽でした。気持ちが楽で、心から教えてもらってよかったと思った瞬間でした。まだまだの所がいっぱいなので、今後もご指導をお願いします。教えてもらうばかりでなく、自分自身ももっと勉強していきたいと感じました。ありがとうございました。』　評価シート自由記述より

シート 4-14

マネジメント支援会議の一番の成果だと思います。

　以上、朝来市のケアマネジメント支援会議の取り組みの経緯と概要を紹介しました。利用者を支援するケアマネジャーが、よく学び、生き生きと実践できる、そんな環境整備が切実に求められているのだと思います。この取り組みが、その一助になればと願っています。

　次節では、1つのケースを例に、地域課題への転換への道筋を紹介して、この章の締めくくりにしたいと思います。

> 私たち主任ケアマネジャーは、さまざまな経験をもっており、事例提供者よりも早い段階で答えや解決策が見えることもあります。しかし、ケアマネジメント支援会議では、そういった「意見」を言いたくなったら、いったんそれを飲み込んで「質問」に転換することがルールなのです。

ここがポイント！

4-3 よし子さんのニーズがケアマネジメント全体の課題へ

● ケース内容の「見える化」 ●●●

シート4-15▶　このシートは、ケアマネジメント支援会議で検討された、一人暮らし（独居）でターミナル期にある、よし子さんのケース内容を「見える化」したものです。

①本人の意向・希望

「この家で死にたい」。独居でありながら、毅然とした態度で「自らの死」を受け入れようとする76歳のよし子さん。その強さに、ケアマネジャーは戸惑いました。この戸惑いは、その後の支援の「足かせ」になってしまうかもしれません。

「なぜ、このクライアントは、こんなに毅然とした態度でいられるのだろう（不安や恐れはないのかな…）」。

「今までに出会ったターミナル期のケースと、どう違うのだろう（どうかかわればいいのだろう…）」。

担当ケアマネジャーのこのような「ひっかかり」を軸に、ケアマネジメント支援会議では、サポーティブな環境のもとで、利用者理解の再アセスメントが開始されました。

②病状と医療的サポート

まず、ベースになるのが病状を安全・安楽に維持することです。よし子さんの場合、多少の呼吸困難があったものの、医療職との連携による痛みへの対応も適切で、本人の苦痛が最小限にとどめられていることが、事例提供者の言葉からわかってきました。

よし子さんのケースから導き出された視点

朝来市ケアマネジメント支援会議から導き出された視点
『この家で死にたい…』独居ケースのターミナルを支える

- QOL
- 意向・希望
- 予後（残された時間）
- ご本人の受け止め方
- 死の受容プロセス
- 6つのソーシャルサポート理論　①自己評価　②地位　③道具的　④社会的コンパニオン　⑤情報　⑥モチベーション
- サポーターの種類と役割
- 医療的サポート　チームの取り決め
- 病状（安全・安楽に）
- キュブラー・ロス：受容／抑うつ／取引／怒り／否認
- 【ヘンダーソン14の基本的ニード】①呼吸　②飲食　③排泄　④好ましい肢位　⑤眠る　⑥衣類の着脱　⑦体温の保持　⑧身体の清潔・皮膚の保護　⑨環境の危険因子を避ける　⑩コミュニケーション　⑪信仰　⑫達成感　⑬レクリエーション　⑭学習と発見

シート4-15

③予後と死の受け止め方

　また、「自分の死」の受けとめ方に、クライエント固有の体験が、大きく影響していることもわかってきました。よし子さんの夫は5年前に事故で逝去、2年前には娘さんをがんで失くし、20年前には息子さんを失うという体験もされていました。そんな彼女にとって「死」は、家族の元に帰るという意味をたずさえたものだったのです。

④サポーターの種類と役割＊

　さらに、彼女の独居生活を物理的にも精神的にも大きく支えたのが、友人・近隣者など、昔ながらのつながりを軸としたサポートでした。インフォーマルなサポートがあることで、その孤独感が和らぎ、心を柔らかく保つことができていたと推測されました。

＊

　よし子さんの再アセスメントをつうじて、病状のコントロール、死への意味づけと受容プロセス、そしてインフォーマルな関係性とサポート、これらを支えることが、ケアマネジ

＊ソーシャルサポートの意味や機能については、渡辺律子『高齢者援助における相談面接の理論と実践』第2版（医歯薬出版・2011年刊）参照

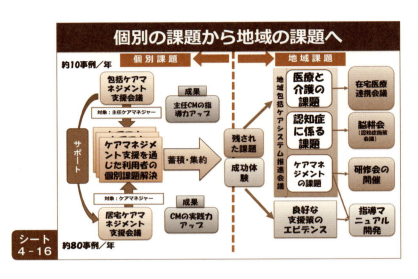

シート4-16

● 個別課題を地域課題に転換する ●●●

シート4-16▶

ちょっとひと言

成功体験こそが、よい支援策のエビデンスとなります。

ャーとして大切な視点であることがわかってきました。

年間90件にのぼるケアマネジメント支援会議の検討事例を、向こう三軒両隣会議と同じように蓄積・集約し、残された課題を地域包括ケアシステム推進会議のテーブルにのせることで、個別の課題が地域の課題へと転換されます。また、良好な支援策のエビデンスをマニュアルにまとめれば、新たな社会資源の1つとして資源開発することにもなります。

先ほどの、よし子さんのターミナルを支える視点は、今後のケースにも応用可能な実践知です。朝来市では、ケアマネジメント支援会議をつうじて明らかになった、成功体験や利用者を支える共通の視点を、主任ケアマネジャー用の指導マニュアルとしてまとめています。それをケアマネジャー間で共有し、次のケアマネジメントに活かすことによって、個別→地域→個別という良循環のサイクルが回っていくのです。

丁寧に「学びのプロセス」をたどる

谷　義幸
(兵庫県介護支援専門員協会
気づきの事例検討会推進運営委員会委員長)

　朝来市のケアマネジャーたちの事例検討会は、手作り感にあふれています。たとえるなら"工場"ではなく"工房"、洗練された工程や手際のよさよりも、ものづくりに賭ける職人の息づかいにも似た雰囲気が伝わってきます。皆が「良いものを創ろう」という意欲を抱き、各々の個性をもち寄って、互いに技をみがき合うような対話と教え合いが続きます。

◆**本物の実践力をみがく**
　ケアマネジャーやソーシャルワーカーなどの対人援助職には、一人として同じではない利用者の姿ととりまく環境に応じて、知識や技術を"応用"することが常に求められます。もちろん、対人援助に必要な知識や理論を学ぶことは必要不可欠です。しかし、ただ単に、さまざまな知識や技術をなぞらえても、複雑で不確実な事態の連続である支援課題を解決していく力にはなりません。受け身ではなく、自分自身の課題に即して、実践の振り返りをともなった主体的な学びが必要です。
　また、単なる支援の"やり方"ではなく、その奥にある、人が人を支援することの"あり方"を見つめ直す作業が欠かせません。このような学びのなかで、実際に応用できる「本物の実践力」がみがかれていくのだと思います。つまり、自らの内発的な気づきや学びが促されてこそ、対人援助職としての力の広がりと深まりが得られ、支援のレパートリーが豊かになっていきます。

◆事例検討で"丸ごと"学ぶ

　こうした『実践力みがきの特性 −学びのプロセス−』は、ケアマネジメント支援においても意識しておく必要があります。支援者支援を目的とした事例検討会は、対人援助職に必要な知識と技術、そして、基盤となる専門職としての価値・倫理を、具体的な事例の検討を通して"丸ごと"学ぶ場となります。それは、教科書やマニュアルのような整った形での学びではありません。まるで、工房で、職人たちが試作を繰り返すのと同じような模索と探求…、事例の理解を深め、支援過程を振り返る、そのやりとりを通して、新たな発見と新たな試みの可能性が生まれます。そのなかで、事例検討の参加者は、個別の事例へのよりよい支援と対人援助職としての基本の両方を学ぶ機会とするのです。

◆地域ケア会議を支える学び合う姿勢

　朝来市では、ケアマネジメント支援会議（事例検討）と結びつけながら、対人援助に必要な基礎理論や課題分析のための枠組みを学んでいます。このような事例検討と基礎的な学習との"往復作業"によって、現場で活かされる思考が鍛えられ、学びのプロセスが深まっていくのでしょう。そしてまた、このようにして実践力をみがいてきたケアマネジャーが、朝来市のシステムづくりを支えているのです。

　対人援助職の実践力向上に近道はなく、ベテランも新人も、常に学び"考え続ける"ことが求められます。また、利用者支援・地域の課題解決に最も必要なのは、カリスマや達人の存在ではなく、利用者に学び、振り返りを怠らず、仲間とともに学び合う姿勢を大事にする援助職者たちの営みなのです。これまでも、これからも学び続ける朝来市のケアマネジャーたちの姿は、そのことを如実に現しているのでしょう。

＊参考：渡部律子『「人間行動理解」で磨くケアマネジメント実践力』（中央法規出版・2013年刊）

人を育てるものこそが育まれる

中治 八重子（いくの喜楽苑居宅支援事業所　管理者）

　私は、「もしかしたら、ウサギになっていたかもしれない…？」「来世、あなたは何の動物になりたい？」と、質問されたわけではなく、日本民話の「ウサギとカメ」の話。

　私は、朝来市内の居宅支援事業所で11年ケアマネジャーをしている。主任ケアマネジャーの制度ができてからは、主任ケアマネジャーとして、管理者の立場で日々を送ってきた。ケアマネジャー2人体制だった事業所も6人に増え、私は当初から、後輩ケアマネジャーを管理する「管理ケアマネジャー」的な立ち位置だったと思う。

◆学ぶ立場から指導する立場へ

　介護保険制度が変わり、ケアマネジャー業務も変わっていくなか、2007年、市内の主任ケアマネジャーから「気づきの事例検討会」の学びに誘われ参加した。それから8年、「学ぶこと」「学びたいこと」の機会が継続することとなった。市内主任ケアマネジャーのためのスーパーバイザー養成事業3年間、兵庫県の指導者養成研修3年間。自立支援に資するケアマネジメントのためのICF、マズローの欲求階層説やジェネラリストモデルの視点をヒントにした5つの局面の理論と援助の根拠を学んだ。

　そして、ケアプラン作成技術指導、地域の新人ケアマネジャー研修…、気づいたら、いつの間にか「学ぶ人」から「指導する人」に変わっていた。ケアマネジメントに必要な理論や技術を一生懸命に学ぶことによって、目の前の対象者（利用者）に起こっている事象や後輩ケアマネジャーが抱える問題を、理論に結びつけながら言語化して説明することができるようになった。また、ケアマネジメント支援会議にかかわる中で、自分の

役割を再考することができた。先輩ヅラした自信過剰な(!?)主任ケアマネジャー、「できていない部分」を指摘する管理者から、目標を定めて的確に指導できる主任ケアマネジャー、「後輩の思考に沿った質問」によりかかわっていく管理者に変化したと思う。主任ケマネジャーとしてだけでなく、一人の支援者として、人（利用者・後輩）を理解することの尊さと深さを思い、そして今、「人は変われる」「人は成長する」ことを実感している。

◆**後輩たちも着実に成長**

　ところで、後輩ケアマネジャーたちは、どうなったのだろう。

　ケアプラン技術作成指導、ケアマネジメント支援会議を重ねることで、後輩たちは進化していった。対人援助の実践に必要な、多面的視点に立ったアセスメント力、面接力、質問力、社会資源のコーディネイト力などが少しずつ向上していった。その進化は、そうそう大きく目だって表れるものではない。しかし、ある日、後輩がつぶやいたひと言に、「そんな風に考えることもできるようになったのか」と、大きな成長を感じる場面がある。

　さて冒頭の民話、目先のことにしか目が向けられなかったウサギは、目標を見定めて一歩一歩進んでいたカメに追い越され、先にゴールしたのは…。

　つまり、「ウサギ」になっていたかもしれない「管理ケアマネジャー」は、人を育てる主任ケアマネジャーとして、気がつけば「カメ」になっていた、というお話。まだまだ、ゴールまでには幾多の課題もあるが、歩みを止めないで、地域の仲間と共に進んでいこうと思う。「よい支援を提供する立場」の一人の支援者として！

人を育てることで育まれる私たち

岡本 雅子（生野地域包括支援センター 主任ケアマネジャー）

　主任ケアマネジャー研修では、さまざまな講義を受けた覚えがある。しかし、講義を受けたからといって、現場ですぐに使えるわけではない。何をどう支援すればいいのか、戸惑うばかりだった自分が思い出される。
　長年ケアマネジャーをやっていると、実にさまざまなケースの支援を経験する。成功事例もあれば反省や後悔が残る事例もある。だからといって、自分の経験や勘だけで部下や後輩を指導していいのか、どう伝えたらよいのか…。主任ケアマネジャーとしての役割が見えないまま、淡々と日々が過ぎていった。

◆主任ケアマネジャーとしての自覚と役割意識への目覚め

　そのようななか、朝来市で「スーパーバイザー養成事業」がはじまった。主任ケアマネジャーが共に学ぶ一方で、市内の他の研修会では「主任ケアマネジャー」として皆に紹介され、「ファシリテーター」の役割を担わされる羽目になった。
　すると、周りのケアマネジャーから、それまでとは違う目で見られ、さまざまな質問や相談が浴びせられるようになったのである。それは、望むと望まずにかかわらず、自分自身の主任ケアマネジャーとしての立ち位置に、腹をくくる場面でもあった。もはや、「戸惑ってばかり」などと言っている場合ではない。
　ケースを担当するケアマネジャーが、しっかりとその実践力を身につけられるよう、今までのような経験や勘ではなく、理論を言語化し、現場の実践と結びつけながら伝えていく必要があった。

◆スーパーバイズの実践

　そのために、まずはICF、ブラッドショー3つのニーズ、マズローの基本的欲求階層、ジェネラリストモデル・アセスメン

トの16項目など、理論を自分の中に落とし込むトレーニングからはじめた。これらは、包括主催の「ケアマネジメント支援会議」で毎回、自分の言葉で理論を伝える場面があり、"いつ当てられても、答えられるようにしておかなければならない"という、緊張感漂うトレーニングだった。

そこで今度は、事例の固有性を大切にしながら、理論を使って、ケアマネジャーとしての大切な視点を指導する場面をつくっていった。それが、居宅主催の「ケアマネジメント支援会議」である。

ここでは、ケアマネジャーが"何ができていて、何を見落としているのか"を伝えるための1つのツールとして、理論を用いる。役割や社会参加から得られる本人のQOLを、「見落としているのでは？」という場合はICFを使い、「参加」の項目が空白であることに気づいてもらう。逆に、「参加」「交流」にばかり情報や思考が偏りがちな場合は、疾患や健康面にも目が向けられるよう「マズローの欲求階層」で、「参加の場面」（社会レベルの欲求）と「生命の維持」（生命レベルの欲求）の双方の手立てが、自立支援には重要であることを伝える。しかも、これらを直接アドバイスするのではなく、ケアマネジャーが自分自身で考え、気づくことができるよう、私たち主任ケアマネジャーは、部下や後輩に質問で関わることを意識している。丁寧に、1つずつ質問を重ねながら、ケアマネジャーが利用者の目の前に立ったときにも、しっかりとアセスメントできるよう、その「考える力」を育んでいくのである。

＊

今振り返れば、後輩にアドバイスをするために学んだことが、自分の血となり肉となり、主任ケアマネジャーとしての自分自身の成長に欠かせないものであったと実感する。そして、「後輩たちのため」と頑張ってきた日々のなかで、一番育まれ、変化と成長を体験したのは、もしかしたら「私たち自身かも知れない」と思っている。

おわりに

　私にとって、『地域ケア会議』は、人と人、人と機関、機関と機関を、見事につないでくれるツールの1つです。徘徊によって命の危険にさらされる人、病気のために自分の居場所や役割を失った人、認知症の進行にともなって、自分も周りもつらい状況に追い込まれてしまう人…。そんな人たちを目の前にして、「何とかしたい」と思いながらも、現行の介護や医療、福祉の施策は、「利用者のニーズ」に応え、その生活を支えるにはあまりに不十分です。しかし、よくよく地域を見ると、さまざまな立場で活躍されている人びと、多くの観光客との交流がもたらしてくれる活気…、まだまだ活かしきれていない、つなぎきれていない「朝来市のよさ」が、たくさんあることに気づかされます。

　今の朝来市にある人・物・仕組みを、よりよく活かすこと。そして、今の朝来市に足らないものは創り出していくこと。これを目指して、朝来市の地域ケア会議のデザインが動き出しました。
　本書で示した取り組みは、決して特別な例ではありません。また、財源がなければできないことでもありません。その試行錯誤のなかで育んできたスピリッツや考え方、そして仕組みと工夫。何か1つでも、皆さまの地域でお役に立てることがあれば幸いです。

　そして、朝来市の地域ケア会議を通じた地域づくりは、今後も進化し続けなければなりません。今までは、個別課題から抽出された地域課題を、政策形成に反映させるデザインでしたが、自治協議会やボランティアなどの地域活動からも、地域課題を抽出し

ていきたいと考えています。さらに、朝来市総合計画とリンクさせながら、農業・子育て・生涯学習・高齢者ビジネスなど、さまざまな分野との連携が必要と考えます。そうでなければ、本当の「地域包括ケアシステム」はつくれないでしょう。

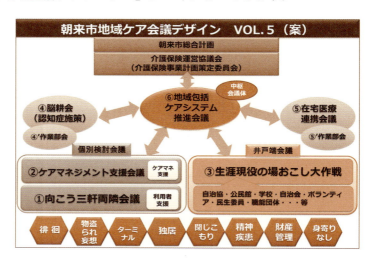

2014（平成26）年度、朝来市では総合計画に基づき、高年福祉課・総合政策課・地域医療健康課・社会福祉協議会等、部署を横断した企画チームが結成され、「生涯現役の場おこし大作戦」の第一歩を踏み出しました。

ワールドカフェ方式による専門職と住民の対話から、いかに次のステップにつなげていくのか…、仲間と一緒に、そして住民の皆さんと一緒に、これからも前進していきたいと思います。

　最後になりましたが、これら、朝来市の地域ケア会議を推進するにあたり、尽力いただいている朝来市医師会の先生方、市内の介護支援専門員、民生委員をはじめとした地域関係団体の皆さま、「気づきの事例検討会」を通して、介護支援専門員の活動を応援してくださっている谷 義幸様、泣き言を言いながらも支え合える地域包括支援センターの仲間たち、本書の企画出版を許可してくださった高年福祉課、そして多くの関係者の皆さまに、心からお礼を申し上げます。

　本書は、2014（平成26）年度に行った兵庫県介護支援専門員協会主催の「生涯研修課程コース研修」、および岐阜県主催による「地域ケア会議研修」の講義内容をもとにしています。こうした機会を与えていただいた主催者の皆さまに感謝いたします。特に、兵庫県介護支援専門員協会の事業活動を通して、朝来市の介護支援専門員たちは、さまざまな学習と県内他地域との連携の場に参加することができました。そのことが、朝来市の取り組みを支えてくれたのだと思っています。
　最後になりましたが、本書の出版にあたり、企画の段階から原稿締め切りのギリギリまで、私に辛抱強くつきあい、励ましてくださったメディカ出版の髙野有子氏に、心からお礼申し上げます。

　　　　　　　　　　　　　　　　　　　　　　足立 里江

著者紹介

足立 里江 あだち・さとえ

看護師、社会福祉士、主任介護支援専門員
1989年姫路赤十字病院に看護師として入職。1992年に生野町在宅介護支援センターに入職、2006年より朝来市地域包括支援センターに異動、現在に至る。
全国地域ケア会議実務者研修（厚生労働省）、全国地域包括支援センター現任研修（長寿社会開発センター）、介護支援専門員の各種研修などの講師を務める。
「はじめての多職種連携」（中央法規出版・2013年）、「はじめてのモニタリング」（中央法規出版・2013年）の共著をはじめ、「月刊ケアマネジャー」（中央法規出版）、「医療と介護Next」（メディカ出版）連載など、ケアマネジメント支援と地域ケア会議を中心に執筆。

兵庫・朝来市発
地域ケア会議サクセスガイド
—地域包括ケアシステムのカギが、ここにある！

2015年2月15日発行　第1版第1刷

著　者	足立 里江
発行者	長谷川 素美
発行所	株式会社メディカ出版 〒532-8588 大阪市淀川区宮原3-4-30 ニッセイ新大阪ビル16F http://www.medica.co.jp/
編集担当	髙野有子
編集協力	谷 義幸
装　幀	塩貝 徹
レイアウト	スタジオ・バード
本文イラスト	小佐野 咲
印刷・製本	株式会社シナノ パブリッシング プレス

© Satoe ADACHI, 2015

本書の複製権・翻訳権・翻案権・上映権・譲渡権・公衆送信権（送信可能化権を含む）は、（株）メディカ出版が保有します。

ISBN978-4-8404-5322-6　　Printed and bound in Japan

当社出版物に関する各種お問い合わせ先（受付時間：平日9：00〜17：00）
●編集内容については、編集局 06-6398-5048
●ご注文・不良品（乱丁・落丁）については、お客様センター 0120-276-591
●付属のCD-ROM、DVD、ダウンロードの動作不具合などについては、デジタル助っ人サービス 0120-276-592